参与式语文教师培训资源

丛书主编 ◯ 王荣生

"十二五"上海市重点图书

语文综合性学习教什么

主编◎王荣生
执行主编◎申宣成

华东师范大学出版社
·上海·

图书在版编目(CIP)数据

语文综合性学习教什么/王荣生主编. —上海:华东师范大学出版社,2014.5
(参与式语文教师培训资源)
ISBN 978-7-5675-2100-1

Ⅰ.①语… Ⅱ.①王… Ⅲ.①语文课—教学法—中小学—师资培训—教材 Ⅳ.①G633.302

中国版本图书馆 CIP 数据核字(2014)第 103341 号

参与式语文教师培训资源
语文综合性学习教什么

主　　编	王荣生
执行主编	申宣成
责任编辑	吴海红
审读编辑	宋金萍
责任校对	王　卫
装帧设计	卢晓红

出版发行　华东师范大学出版社
社　　址　上海市中山北路3663号 邮编 200062
网　　址　www.ecnupress.com.cn
电　　话　021-60821666　行政传真 021-62572105
客服电话　021-62865537　门市(邮购)电话 021-62869887
地　　址　上海市中山北路3663号华东师范大学校内先锋路口
网　　店　http://hdsdcbs.tmall.com

印　刷　者　上海华顿书刊印刷有限公司
开　　本　787毫米×1092毫米 1/16
印　　张　15.5
字　　数　247千字
版　　次　2014年9月第1版
印　　次　2023年11月第15次
书　　号　ISBN 978-7-5675-2100-1/G·7382
定　　价　47.00元

出版人　王　焰

(如发现本版图书有印订质量问题,请寄回本社客服中心调换或电话 021-62865537 联系)

参与式语文教师培训资源编委会

王荣生　徐雄伟　李海林　郑桂华　吴忠豪　高　晶　夏　天
李冲锋　陈隆升　邓　彤　童志斌　步　进　李　重　申宣成

主题学习工作坊授课专家

于　漪　当代语文教育家，曾任上海市教科文卫委员会副主任
张民选　上海师范大学原校长，研究员，博士生导师
钟启泉　华东师范大学终身教授，博士生导师
崔允漷　华东师范大学课程与教学研究所所长，教授，博士生导师
方智范　华东师范大学教授，博士生导师
倪文锦　杭州师范大学教授，博士生导师
黄灵庚　浙江师范大学教授，博士生导师
王栋生　南京师范大学附属中学教师，特级教师，教授级高级教师
程红兵　广东省深圳市明德实验学校校长，特级教师，教育部"国培计划"专家库专家
陈　军　上海市市北中学校长，特级教师，教育部"国培计划"专家库专家
谭轶斌　上海市教委教研室副主任，特级教师，教育部"国培计划"专家库专家
褚树荣　浙江省宁波市教育局教研室教研员，特级教师，教授级高级教师
宋冬生　合肥师范学院副教授，教育部"国培计划"专家库专家
邓　彤　上海市黄浦区教育学院教研员，特级教师，教育部"国培计划"专家库专家
倪文尖　华东师范大学副教授
童志斌　浙江师范大学副教授
叶黎明　杭州师范大学副教授
申宣成　河南省基础教育教学研究室教研员
陈隆升　台州学院副教授
周子房　上海知明教育信息咨询有限公司教学总指导
杨文虎　上海师范大学教授，博士生导师
谢利民　上海师范大学学科教育研究所所长，教授，博士生导师
李海林　上海新纪元双语学校校长，教育部"国培计划"专家库专家

郑桂华　上海师范大学教授，教育部"国培计划"专家库专家
吴忠豪　上海师范大学教授，教育部"国培计划"专家库专家
王荣生　上海师范大学教授，博士生导师，教育部"国培计划"专家库专家

课例研究工作坊执教教师和提供案例教师

钱梦龙　著名语文教学专家
郑桂华　上海师范大学教授
李海林　上海新纪元双语学校校长，教育部"国培计划"专家库专家
黄厚江　江苏省苏州中学教师，特级教师，教授级高级教师
曹勇军　江苏省南京市第十三中学教师，特级教师，教授级高级教师
马　骉　上海市虹口区教育学院副院长，特级教师
朱震国　上海市杨浦高级中学教师，特级教师
薛法根　江苏省吴江市盛泽实验学校校长，特级教师
王崧舟　杭州师范大学教授
岳乃红　江苏省扬州市维扬实验小学副校长，特级教师
蒋军晶　浙江省杭州市天长小学副校长，特级教师
茹茉莉　浙江省嵊州市城南小学校长，特级教师
周益民　江苏省南京市琅琊路小学教师，特级教师
邓　彤　上海市黄浦区教育学院教研员，特级教师
张广录　上海市浦东新区教育发展研究院教研员，高级教师
童志斌　浙江师范大学副教授
季　丰　浙江省富阳中学教师，高级教师
任富强　浙江省慈溪市慈中书院校长，特级教师
周子房　上海知明教育信息咨询有限公司教学总指导
申宣成　河南省基础教育教学研究室教研员
荣维东　西南大学副教授
郭家海　江苏省常州高级中学教师，特级教师
袁湛江　浙江省宁波市万里国际学校校长，特级教师

邓玉琳　广东省深圳市南山实验学校教师,高级教师
李金英　辽宁省鞍山市铁西区共同小学教师,高级教师
范景玲　河南省商丘市民权县程庄镇一中教师,中学一级教师
刘学勤　河南省商丘市民权县实验中学教师,高级教师

共同备课工作坊合作专家

王荣生　博士,上海师范大学教授
高　晶　博士,上海师范大学讲师
李冲锋　博士,中国浦东干部学院副教授,博士后
胡根林　博士,上海市浦东新区教育发展研究院教研员
陈隆升　博士,台州学院副教授
袁　彬　博士,南通大学副教授
于　龙　博士,上海师范大学副教授
李　重　博士,上海师范大学副教授
申宣成　博士,河南省基础教育教学研究室教研员
周子房　博士,上海知明教育信息咨询有限公司教学总指导
陆　平　博士,南通大学副教授
步　进　博士,江苏师范大学副教授
周　周　博士,贵州师范学院讲师
邓　彤　博士,上海市黄埔区教育学院教研员,特级教师
童志斌　博士,浙江师范大学副教授
孙慧玲　博士,上海市闵行区教科所教师,博士后
代顺丽　博士,闽南师范大学副教授,博士后
王从华　博士,赣南师范学院副教授,博士后

前　言

一年多前,"参与式语文教师培训资源"丛书启动,在第一次编务会,我就想好了丛书前言的第一句话:

这是值得你慢慢读的书,这是需要你用笔来读的书。

当我说出这一句话时,编务会的同伴们一致称好,因为这句话贴切地体现出这套"参与式语文教师培训资源"的特色。

这是值得你慢慢读的书

这是一套"语文教师培训资源"系列丛书,是在语文骨干教师培训实践中逐渐积累的优质课程资源。

从 2010 年起,"上海师范大学语文课程研究基地"承担教育部"国培计划"示范性集中培训项目,凭借强大的专业团队和积极投入的事业心,成为"国培计划"实施中语文学科的引领性标杆。

"上海师范大学语文课程研究基地"有四位教授入选"国培计划"专家库专家,2010—2013 年,承担的教育部"国培计划"示范性集中培训项目 30 个班,涵盖语文学科的所有子项目,培训了来自全国各地师范院校、教师进修学校、教研室和中小学的培训者和骨干教师 1500 多名。

"国培计划"2010 示范性集中培训项目
——中小学骨干教师研修项目(高中语文)50 人
——中小学骨干教师研修项目(小学语文)150 人

"国培计划"2011 示范性集中培训项目
——中小学骨干教师研修项目(高中语文)100 人
——中小学骨干教师研修项目(小学语文)100 人
——(云南省)中西部教师培训项目(初中语文)100 人

"国培计划"2012 示范性集中培训项目
——培训者团队研修项目(语文)50 人
——免费师范毕业生培训项目(语文)150 人
——中小学骨干教师研修项目(高中语文教研员)50 人
——中小学骨干教师研修项目(高中语文教师)50 人
——中小学骨干教师研修项目(初中语文)50 人
——中小学骨干教师研修项目(初中语文教研员)50 人
——中小学骨干教师研修项目(初中语文教师)50 人
——中小学骨干教师研修项目(小学语文教研员)100 人
——中小学骨干教师研修项目(小学语文教师)100 人

"国培计划"2013 示范性集中培训项目
——培训者团队研修项目(语文)50 人
——中小学骨干教师研修项目(高中语文教研员)50 人
——中小学骨干教师研修项目(高中语文优秀教师)50 人
——中小学骨干教师研修项目(初中语文教研员)50 人
——中小学骨干教师研修项目(小学语文教研员)50 人
——骨干教师高端研修项目(小学语文)108 人
——(重庆市)小学语文骨干教师异地研修培训项目 50 人

这套丛书,立足于"上海师范大学语文课程研究基地"培训专家近年的研究成果,取材于上海师范大学2010—2013年所承担的教育部"国培计划"示范性集中培训项目的系列培训课程。

该系列课程聚焦"新课程实施中语文教学的有效性"这一主题,针对"教学内容的合宜性"和"教学设计的有效性"这两个核心问题。研修课程由三个互补的"工作坊"组成:

主题学习工作坊

共同备课工作坊　　课例研究工作坊

主题学习工作坊:体现专业引领。安排有教育研究者"专家报告",语文教育研究者"专家视角",语文课程与教学的博士和博士研究生"博士论坛",以及课堂的互动交流。

共同备课工作坊:合作专家、参与学校和研修学员共同开展教学研究活动。与一线语文教师共同备课的"沉浸式体验",教研员和优秀教师的"交流与分享",按"散文阅读教学"、"小说阅读教学"、"文言文和古诗文教学"、"写作教学"、"语文综合性学习"和"高中语文选修课教学"等专题展开。

课例研究工作坊:专家教师和实践探索者的"教学示例与研讨"。研究者与一线教师的多重对话:"从教学内容角度观课评教",侧重在教学内容的合宜性;"以学的活动为基点的课堂教学",侧重在教学设计的有效性。

上述三个工作坊,由"主题学习"引领,"共同备课"和"课例研究"为双翼,相辅相成。"课例研究工作坊"与"共同备课工作坊"呼应互补,平行进行(有个别分册因主题的缘故,只包括上述一或两个工作坊)。

2013年,征得授课专家的同意,我们着手编撰这一套"语文教师培训资源",把实施"国培计划"的课程录像、录音,转录成文字,并加以精选、整理,以供广大中小学语文教师共享。

丛书有如下8本：

《语文教师专业发展十四讲》	执行主编 李　重	博士
《阅读教学教什么》	执行主编 高　晶	博士
《散文教学教什么》	执行主编 步　进	博士
《小说教学教什么》	执行主编 李冲锋	博士
《实用文教学教什么》	执行主编 陈隆升	博士
《文言文教学教什么》	执行主编 童志斌	博士
《写作教学教什么》	执行主编 邓　彤	博士
《语文综合性学习教什么》	执行主编 申宣成	博士

这是需要你用笔来读的书

这是一套"参与式语文教师培训资源"，你不仅是读这些文字、知道一些信息，你必须参与其中，就像是培训中的一员。

如何将培训现场的情境性元素，在纸质的书上加以体现？这是我们在编撰丛书时着重要解决的问题，也是这套丛书有别于其他同类书籍的一个亮点。

在这套书中，在不同板块，你会碰到不同的人，他们是不同的角色。

首先是授课专家。在"主题学习工作坊"，你会看到专家的授课实录。其中"专家报告"，编入《语文教师专业发展十四讲》；"专家视角"，就是每一分册的"主题学习工作坊"的学习内容。在"课例研究工作坊"，你会看到授课的专家教师以及他们的研究课实录，还有在教学现场及丛书编撰过程中提供教学案例的老师及他们在实践探索中形成的教学案例。

其次，你会遇到培训现场的老师，你的同行，或许是同事。他们聆听专家的讲座，观摩授课教师的研究课，他们思考着，边听边做笔记，他们发表自己的见解，提出自己的疑问，与专家交流互动。在"共同备课工作坊"，他们与合作专家一起，讨论一篇课文的教学内容，反思自己对语文教学的理解，交流和分享教学经验，也会流露在教学实践中遭遇的困难和疑惑。

在"共同备课工作坊"，你会见到一些备课合作专家，他们是上海师范大学和华东师范大学的博士，有四位还是博士后。在进入备课教室之前，备课专家组已经对课文做了充分的研讨，但他们清楚地知道自己的职责：备课合作专家，并不是比语文教师高明的人,他们只是在与语文教师共同备课时,提供一个可能有别于教师的视角,以启发参与备课的教师以新的眼光来对待备课的课文。备课合作专家所做的工作主要是两项:第一项,问"为什么呢?"通常备课伊始,教师们对一篇课文教什么,会有不同的经验和见解,但这些经验和见解很少经过反思。张老师说,应该教这个;李老师说,应该教那个。这时,备课合作专家就会行使职责,他会问,往往是追问:"为什么呢?"也就是专业的理据,在追问和进一步研讨中,促使教师反思自己的经验和见解。第二项,提议"这么看,行不行呢?"当备课的教师陷入"常规思维"时——往往是被不合适的教学习俗所钳制,或者当备课的教师们争执不下、陷入僵局时,备课合作专家就会基于他们事先对课文的研讨,提出思考和解决问题的思路,引导教师从一个新的方向、换一种新的眼光来看待这篇课文,去选择合宜的教学内容。

是的,你一定意识到了:共同备课,并不是追求一篇课文的"最佳设计"。事实上,在"国培计划"实施中的"共同备课",尤其第一次"共同备课工作坊",往往是一个半天过去,备课小组对这篇课文"教什么"、"怎么教"还没理出头绪来。"共同备课工作坊"的目的,是促使教师反思自己的经验,是希望教师尝试着运用"主题学习工作坊"所学的理论。因此,"共同备课"的成效,主要表现在备课教师经验的获得上:(1)哦,原来我这样做,是不对的!(2)哦,教学内容原来是这么来的!

显然,在"共同备课工作坊",如果你把自己当"旁观者",如果你只是被动地追随书中的文字,如果你读了以后只是知道了张老师说过什么、李老师说过什么,以及备课合作专家说了什么,那么,你将毫无所获,或不得要领,或买椟还珠。

你必须把自己当作备课小组中的一员:你应该事先熟悉课文并进行教学设计的尝试,或在看书时带上你的教案(如果你原来上过这篇课文的话);你要发表自己的见解,对别人的发言你要作出回应;当备课合作专家问"为什么呢?"你要回答问题;当备课合作专家说"这么看,行不行呢?"你要回味你这时的心理反应。

不但是"共同备课工作坊",在"主题学习工作坊",在"课例研究工作坊",如果你只是知道了某位专家说过什么,只是知道了某位授课教师的课是这样的,这就没有把握住要点,因而也不会有什么用。要点在于:专家这么说,对你、对你的教学,意味着什么?要点在于:授课教师这篇课文教这些,为什么呢?道理何在?或没有教那些(如果你过去恰好在教那些),为什么呢?道理何在?

语文教师是专业人员。什么是"专业人员"?专业人员就是依据专业知识行事的人。培训不是听某位专家一个讲座,听另一位专家一个讲座,看一个专家教师的课,看另一个专家教师的课;培训的目的不在这些。培训的目的,是发展自己的专业知识和专业能力。而这,需要参与培训的人去明白道理,去探寻学理,去改善自己的学科教学知识,从而改善教学,惠及学生。

显然,读这套书,你必须始终"在场",就像自己在培训现场。拿起笔,你将经历的,是学术性的阅读。

这对你可能有些难。于是,"参与式语文教师培训资源"最重要的人物出场了。

他就是你读的这本书的"执行主编"。在你拿起笔阅读的时候,他陪伴着你。他会告诉你,在听讲座之前、在观摩授课教师的课之前,在进入共同备课之前,你需要做什么;他会提醒你,在阅读过程中什么地方你应该停下来,想一想;他还会要求你,在听讲座、观摩课、共同备课,以及读完这些文字以后,你还需要做什么。

请你按照"执行主编"的提示,展开这套丛书的阅读。

因此,在展开书阅读之前,你有必要了解书的编排方式:

1. "主题学习工作坊"编排方式

【专家简介】

【热身活动】相当于预习作业。引导读者联系自己的教学实践,进入后续的学习。

【学习目标】指明通过这一主题报告的学习,教师能解决语文教学中的什么问题,谋求语文教学哪些方面的改善。

【讲座正文】用序号和小标题,使讲座正文更具条理。用双色,凸显讲座正文的重点内容,尤其是在讲座正文的学习中需要关注的地方。

【要点提炼】"要点提炼"用方框呈现。"要点提炼"起辅导员的功能:梳理讲座的内容条理,提炼正文中的关键语句。对正文中说得较为复杂的,予以归纳;理解正文需要某些背景的,介绍相应的背景资料;有些内容在正文中可能没有展开,加以解释和延展;有些地方讲座者未必直接点明结论,逻辑地引申出结论。

【反思】聚焦主题讲座的内容对改善语文教学的意义。相应设计反思活动，引导教师在反思的过程中，把讲座的内容与自己的教学实践勾联起来，思考如何改善语文教学。反思活动的设计，有三个要素：(1)明确反思的点；(2)提供反思的支架；(3)对反思的成果形式提出具体要求。

讲座正文	要点提炼	学习笔记（「我」的思考和反思） （提供样例供研修教师参考）
讲座正文	要点提炼	
讲座正文	要点提炼	

【要点评议】执行主编对主题报告的评议。执行主编相当于这场主题报告的评论员：指出报告的内容对改善语文教学的意义；必要时，围绕某一要点做较深入的讨论，或做进一步的解释。

【资源链接】提供进一步研究该主题的学习参考书目。

【后续学习活动】结合讲座的内容，联系教学实践，用"任务1—任务2—任务3"的形式，列出需要完成的作业，并提供支架和相关资料。

2. "共同备课工作坊"编排方式

【教学现状描述】(1)课文介绍;(2)评价性地描述这篇课文的教学现状;(3)解释为什么要选这篇文章进行共同备课,并指明通过这次共同备课着重要解决的问题(用正标题呈现出来)。

【热身活动】尽可能让读这本书的教师也能够进入这篇课文的备课状态。

【备课进程】叙述+实录。对共同备课的进程加以切割,使用小标题使其条理化。正文的紧要处,用专色加以突出。执行主编相当于备课过程的讲解员:描述备课的过程,解说现场的实况,用方框和云图帮助理解备课过程中所涉及的问题,以及参与备课教师的实践性知识反思和转变的表现。

【要点评议】执行主编对这次共同备课的评议。围绕共同备课所涉及的问题,凸显备课过程中需要教师明了的"学理":这篇课文的教学目标和教学内容应该是什么?为什么?或不应该是什么?道理何在?要点评议,也包括对共同备课的行为进行评议,分两个方面:(1)对合作专家的行为予以解释;(2)对参与备课教师的行为状态作出判断。

【反思】引导参与式阅读,随着共同备课的进程,指引教师反思自己的学科教学知识(PCK):在日常教学中自己是怎么备课的?这篇课文原来是如何教学的?教学目标和教学内容该如何确定?教学环节的依据什么?等等。

备课进程

要点评议

备课进程	要点评议	参与性意见和评论（「我」的见解及启发） （提供样例供研修教师参考）
备课进程	要点评议	

【问题研讨】聚焦在这类教学的道理。重点是教学目标的确定，教学内容的选择和教学环节的组织。

【后续学习活动】用"任务1—任务2—任务3"的形式：(1)提供一篇新的课文及该课文教学现状介绍。(2)建议研修教师（备课组）按共同备课样式备课讨论。(3)形成共同备课成果（教案）。(4)进行试教和研讨。(5)撰写备课反思。

3. "课例研究工作坊"编排方式

执教教师简介

【课例导读】(1)介绍课文，包括版本和年级；(2)介绍这类课文的教学现状，指出这类课文在教学中容易出现的问题；(3)指明通过课例学习，要解决什么问题。

【热身活动】相当于预习作业。引导读者联系自己的教学实践,进入后续的学习。

【教学实录/实施过程】用小标题梳理教学环节。正文中的重要部分,尤其是随后将要讨论的点,用专色凸显出来。执行主编相当于这堂课的观察员:解说这堂课的教学目标和教学内容;解释教学环节的意图和效果;指出教师指导的关键处和学生重要的回答;用方框和云图提示教师看明白这堂课的紧要处。云图,提醒听课教师的注意点。方框,是"要点提炼"。

【反思】反思是自己经验的打开。反思内容包括两部分:对照课例,对如何确定教学目标和教学内容的反思;对应该如何听评课的反思。

教学实录/实施过程	观察者点评	参与性听课(「我」的见解及启发)
教学实录/实施过程	观察者点评	(提供样例供研修教师参考)
教学实录/实施过程	观察者点评	

【要点评议】执行主编对这堂课的评议。指明这堂课所阐发的道理，这些道理教师在课例中未必能看出来。

【问题研讨】落到这一类教学上，重点是教学目标的确定，教学内容的选择和教学环节的组织。

【资源链接】按照学习的主题，提供进一步研究的资源目录。
【后续学习活动】结合课例学习，联系教学实践，用"任务1—任务2—任务3"的形式，列出需要完成的作业，并提供支架和相关资料。

"参与式语文教师培训资源"丛书，得到各方面的支持，在此一并表示感谢。

感谢上海师范大学领导和教育学院领导的支持。上海师范大学实施"国培计划"示范性集中培训项目，丛玉豪副校长任项目负责人，部门负责人是教育学院陈永明院长、夏惠贤院长、徐雄伟副院长。因为培训经费全部用于教学，才能使我们的培训保持较高水准。

感谢历年应允承担上海师范大学"国培计划"的授课专家、教学专家，是专家的智慧和才华，创造了这些优质课程资源。

感谢参与上海师范大学"国培计划"培训的1500多名老师。正是你们在培训中取得的成效、你们的肯定和鼓励，使我们看到了自己工作的价值，从而有信心编撰这套语文教师培训资源丛书。

感谢华东师范大学出版社。丛书启动伊始，王焰社长、高教分社翁春敏社长等领导就对这套丛书寄予厚望，积极筹划申报"'十二五'上海市重点图书"。吴海红编辑数次全程参与编委会的编写会议，对丛书的内容和版式提供了很好的建议。

感谢我们的团队。"上海师范大学语文课程研究基地"，不仅是一所学校的一个研究机构，它聚集着一批有追求、有担当的志同道合的校内外同仁，其中有一群视语文课程与教学研究为安身立命的博士们。正是这一股生机勃勃的力量，使我们有资本去成就响当当的事业。

王荣生

2014年8月2日

目 录

主题学习工作坊 / 1

口语交际研究 / 3
口语交际教学的问题与对策 / 3
口语交际的课程内容及活动设计 / 21

语文综合性学习研究 / 41
语文综合性学习的意蕴分析与活动设计 / 41
语文综合性学习:意义、策略和案例 / 54
语文综合性学习设计与实施的"微技能" / 72

课例研究工作坊 / 91

国外母语综合性学习案例 / 93
英国母语教材中的专题学习案例　在荒岛上 / 93
美国语文综合性学习案例　哈莱姆文艺复兴 / 102

小学语文综合性学习案例 / 109
怎么和孩子"聊"书　班级读书会课例研讨 / 109
阅读线索的梳理和阅读话题的设计　《一年级大个子二年级小个子》
课例研讨 / 128

  在探究中激发学生的语文学习兴趣　研究性"小论文写作"课例研讨 / 149

  如何从教材选文中提炼综合性学习的主题　《与时间赛跑》课例研讨 / 166

初中语文综合性学习案例 / 178

  语文综合性学习的内容确定和程序设计　《演讲》课例研讨 / 178

  语文综合性学习设计的阶梯性和语文性　《课本剧》课例研讨 / 194

高中语文综合性学习案例 / 207

  口语交际兴趣的激发与知识的归纳　《讨论》课例研讨 / 207

主题学习
工作坊

口语交际研究

口语交际教学的问题与对策

专家简介

李海林,上海师范大学教育学院教授,教育部"国培计划"专家库专家,长期从事语文课程与教学论的研究并亲自尝试语文课的教学。著有《李海林讲语文》(语文出版社)、《言语教学论》(上海教育出版社)等。

热身活动

下面是几个有关口语交际教学的问题,请在你认为合适的答案序号前打钩:

1. 本学期,你用于口语交际教学的时间共有多少课时?
   A. 10　　　　B. 7—9　　　　C. 4—6　　　　D. 1—3　　　　E. 0

2. 你是用什么方式评价学生口语交际能力的?(可多选)
   A. 用明确的评分规则进行评价　　B. 口头评价,不做记录
   C. 文字记录,但不收集汇总　　　D. 每次学习活动结束之后给出一个分数
   E. 不做评价

3. 你认为开展口语交际教学的主要障碍是什么?(可多选)
   A. 学校领导不重视　　　　B. 条件差　　　　C. 担心影响学生成绩

D. 教材内容多、学生任务重　　　E. 不会组织实施

> **学习目标**

通过本专题的学习，你能够：
1. 梳理出一些语文课程标准没有提及的口语交际知识。
2. 围绕一个口语交际的知识点设计一个学习活动。

> **讲座正文**

一、对口语交际教学研究及实践的基本判断

（一）口语交际学科研究成果未充分进入语文课程

关于我国的语文教学，福建师大的孙绍振教授有一个判断：我们中小学所教的语文知识跟学术界的研究相差五十年。我觉得这一点在我们的口语交际教学领域表现得尤其突出。口语交际学科研究成果未能充分地进入我们的语文课程，这是我作出的第一个判断。理由如下：

第一，我们的语文课程标准没有体现出已有的学术成果。

以下是 2011 版课程标准第四学段的口语交际的教学目标与内容，我已经把涉及的概念都标出来了。

（四）口语交际

1. 注意对象和场合，学习文明得体地交流。
2. 耐心专注地倾听，能根据对方的话语、表情、手势等，理解对方的观点和意图。
3. 自信、负责地表达自己的观点，做到清楚、连贯、不偏离话题。
4. 注意表情和语气，根据需要调整自己的表达内容和方式，不断提高应对能力，增强感染力和说服力。
5. 讲述见闻，内容具体、语言生动。复述转述，完整、准确、突出要点。能就适当的话题作即席讲话和有准备的主题演讲，有自己的观点，有一定的说服力。

> 6. 讨论问题,能积极发表自己的看法,有中心、有根据、有条理。能听出讨论的焦点,并能有针对性地发表意见。

请大家看看上面的条目中有多少算得上是知识的——对象、场合、得体、交流、倾听、话语、表情、手势、对方观点、意图清楚、连贯、话题、语气、表达内容、表达方式、感染力、说服力、讲述,然后见闻,然后复述、转述、要点、即席讲话,然后有准备的主题演讲,然后看法、中心、根据、条理、焦点、意见——大家看一看,如果我们随便找一个学物理的、学化学的、学生物的人,这些词语他也都懂;如果我们研究了一辈子的语文,然后拿出我们语文的一个概念问街上买菜的老太太"这个概念是什么意思",她说的跟你说的一样,那肯定不是她有学问,而是你没学问,是这个道理吧?

我们语文教学有一个很大的问题,就是没有门槛、没有专业性、没有自己独特的知识和技能,没有自己独特的知识体系和话语体系,我们使用的概念,要么是借用别人的,要么是像上面所罗列的日常话语。

> 我国母语教学的主要问题是缺乏明确的教学内容。

作为一门学科,应该有自己的话语系统。我们原来的课标,是只有课程目标,没有课程内容的;现在的课标呢,虽然有了"内容"两个字,叫"课程目标和内容",但是我把这个新的课标和原来的进行了对比,发现几乎和原来一模一样,只是加了"内容"这两个字而已。相比语文课标,我国的外语、数学、物理、化学甚至体育的课标都有专门的一章——课程内容。你去看美国的、澳大利亚的、加拿大的、芬兰的课标,没有什么课程目标,没有什么课程理念,没有什么教学定义,没有什么附录,上来就是这个课程内容。现在我们来看一看澳大利亚的课程标准:

> **听说的课程重点**
>
> **文本**
> 　　课堂活动着重培养学生在小组讨论中的合作能力,使他们通过谈话以更具分析性的方法探讨有争议的主题和问题。学生运用录音、电影、录像、多媒

体等多种文本类型劝说或为他人提供信息。教师指导学生根据一定的目的倾听比较长且比较难的文本,找出重要观点并作笔记以便能听懂。学生通过有计划的或自发的听说活动,如角色扮演、戏剧表演等,学会对文本、主题或问题作出具有创造性、分析性和富有表现力的反应。

情境性理解

在考察电影、广播、电视中的口语文本时,教师帮助学生讨论他人的语言运用,并识别一个预期的观众对文本建构过程的影响。学生在组织自己的口头文本时,表现出对听众期望的理解。教师确保学生明白对全班同学讲话时的语言要求与对小组成员讲话时的语言要求是不同的。学生了解情境因素和社会文化因素是如何影响听众反应的。

语言结构和特征

教师鼓励学生尝试影响听众的一些语言技巧,如词语、节奏、重音、速度、停顿、肢体语言和面部表情等。学生多次检验不同情境所用口语文本的语言差异。学生知道对一大群人说话要比对一小组人说话慢,而且需要更清晰。教师展示如何利用幽默,运用情绪词或专业词汇,通过俚语或轶事等帮助说话者与听众建立良好的关系。

策略

在要求学生有目的地倾听的课堂情境下,教师教学生听他人口语文本的各种策略,并指导学生找出说话者用以影响特定的听众的策略。学生学习领导和参与小组活动的有效策略,重点是积极倾听、合作,以及构思正式的口头表述。教师指导学生倾听,并提醒他们注意语气、音调、语速对发言有什么影响。教师说明说话者如何运用一些标记性的语句,如"总之……"或"我要强调的是……"等转换主题或强调重点的词句。

大家看,在澳大利亚的课标中,"文本"指的是什么、"情境性"指的是什么、"语言结构和特征"指的是什么、用什么策略、要达到哪一级水平等等,都说得非常清楚。我认为国外那么多的课标,最详实、最能够为中国所用的就是这个了。

【反思】

你在实施口语交际教学时,是否考虑过课程标准的作用?如果让你给课标制定者提点儿建议,你有什么话要说?请在下面写出你的一条建议:
_____

第二,我们的语文教材没有体现出已有的学术成果。

2003年时,我曾经花一个月的时间仔细研究了六套高中语文教材,其中口语交际的设计基本成型的是人教版的,它有一个体现了口语交际教学课程形态的大纲,编辑设计的技巧很高。但是,人教版的设计也有一个弱点,它的内容太老旧,都是五六十年代的,没有体现我前面所说的学科研究的成果,好的编辑技巧却没有用好,真是可惜!

【反思】

你使用的语文教材是哪个版本的?你觉得其中的口语交际教学设计得如何?请选择其中两个活动设计,完成下面的表格。

名称	优点一	优点二	缺点一	缺点二
活动一				
活动二				

(二)口语交际教学研究尚全面停留在教学经验总结的层次上

我的第二个判断是:我国的口语交际教学研究尚全面停留在教学经验总结的层次上。我在中国知网做了一个全面的搜索,从2006年到2012年,有关口语交际研究的论文共有600多篇,包括一些硕士论文、专题研究口语交际教学的文章。它们绝大部分都在研究什么东西呢?第一,它是研究教学方式;第二,它的研究方法是经验总结。教学目标、教学内容都未定,都不去管,却去研究教学方式,这绝对是空中楼阁,是在沙滩上面建房子,几乎没有意义。

做教学研究是有套路的:首先,你要把目标搞清楚,告诉我你想做什么;然后,你用什么东西来做这个事情;最后才有第三个问题——怎么做。如果前面两个问题都不是很明确,或者说不是很科学的话,后面的研究是一点意义都没有的。目前我们对口语交际教学的研究就存在这样的问题。600多篇论文,百分之九十九都在撇开目标和内容,单纯地研究教学方式。

我们退一步说,如果你从教学方式入手,倒推它的教学内容,倒推它的教学目标,也未尝不是一种方法。但是这个倒推是什么,肯定是思辨的,肯定是求证的,肯定是基于事实的,然而我们的研究方式大部分是经验介绍,将自己的做法描述一番就完事了,这是没什么用的。

【要点评议】

教学研究首先要确定研究目标和内容,其次才是考虑研究的方式方法。前者是对象和目的,后者是手段和途径。教学研究是这样,教学本身也是如此。

然而新课改启动以来,我们的语文教学改革似乎把注意力过多地集中到了教学的手段和形式上,忽略了教学内容的除旧布新。从一味强调集声光电于一体的多媒体教学,到不分场合、"万金油式"的小组合作;从生硬地规定教师讲授不能超过多少分钟,到变相题海战术的学案导学——课堂整个地变成了一个"摩登女郎",极尽花枝招展之能事而忽略了内在的涵养和风度。教学有法,教无定法。教学方法本身无所谓优劣,关键是要与教学目标和教学内容匹配。教学内容到位了,灌输也能使学生醍醐灌顶,训练也能开启学生的心灵;教学内涵到位了,吟诵也能让学生泪光盈盈,演讲也能让学生心潮澎湃。

总之,无论是研究方法还是教学方法,其价值都不在于其自身,而在于它与内容和目标的匹配度。如果我们为什么教、为什么研,教什么、研什么都没有弄清楚,那么,任何方法都是徒劳。

(三) 口语交际教学实践尚未成型

在我们中小学语文的课堂里面,所谓口语交际教学实际上在做些什么事情、做得怎么样呢？我的判断是尚未成型。为什么这么讲呢？我有三个判断。

第一，我们中小学语文老师的口语交际知识素养不高。

这倒不是说我们中小学语文教师中间口才好的人不多，口才好的人还是挺多的，但你的口才好和你的口语交际知识素养高并不是一回事儿。这就像游泳教练一样，自己游得好还不行，还必须对游泳过程中的流体力学、空气学、肢体学、动力学、神经学等知识有一定的了解。教师这个职业，第一我要能干，除了能干之外还要能够把我能干的这些缄默知识转化成为显性知识，心中有，口中也有，才能够当老师。所以我现在对老师们提出这个要求，你心中有缄默知识，你很会说，但是你能不能口中有呢？你能不能把这些缄默知识显性化、组织化、课程化呢？我看很多人这方面的素养很低。

第二，老师们对口语交际教学不感兴趣。

很多老师愿意看关于阅读知识、写作知识的书，却不愿意看关于口语交际的书。有的老师说了，我看了一些关于口语交际教学的书呀。但请注意，口语交际教学的知识和口语交际的知识可是两回事儿，两者的知识领域完全不一样，口语交际的知识属于语言学，属于行为学，属于社会学的范畴；语言交际教学知识属于教学论，不要以为看了一本关于口语交际教学的书，就可以掌握口语交际方面的知识了，其实这并不是一回事儿。

【观察者点评】你弄清楚口语交际知识和口语交际教学知识的区别了吗？

第三，缺失对口语交际教学的评价。

写作教学、阅读教学都是有评价的，虽然不怎么好，但是毕竟有。口语交际却是没评价的：没有评价标准，也没有评价实践，更没有进入课程评价系统。我看这是非常关键的。**因为没有进入评价系统中，大部分地区、大部分学校、大部分老师，能不干就不干**，因为不干没问题，干一干的人往往是喜欢这个玩意儿才干一干，是这回事儿吧？

【观察者点评】有老师认为，口语交际不考，我就不教，你认为这种想法对吗？你也这样认为吗？

以上就是我对我国中小学口语交际教学的研究和实践的几个基本判断，核心是什么呢？人家研究得不错了，我们还没有研究，所以干也干得不行，干也干得不像，没有成型，这是我的基本判断。但是，由这个判断得出来的结论却是非常乐观的：别人没干的事情，我们就干呗，我们一干就可以占领一个制高点，它很有可能就是我们学术研究的突破口。

二、课程论视域下口语交际教学研究的主要问题

(一) 口语交际学科知识体系的梳理和甄别

备课时,我浏览了很多本翻译过来的国外的口语交际著作,发现别人的研究从来都不讲什么大道理,都是些很细致的很管用的知识。比如夫妻感情不是很好,国内的专家们研究之后开始出招了:怎么样才能够把夫妻关系搞好呢?第一,一定要把夫妻关系搞好;第二,一定要互相尊重对方。然后我们看看国外的研究:怎么样才能够把夫妻关系搞好呢?第一,你的第一个眼神要给配偶。这个是真的呀,现在我就是这么做的,过去我的第一个眼神是给孩子的,现在第一个给她。第二,你说的第一句话是给配偶的。你看,这个研究是具体的、是管用的,对不对?

所以,我们**要把国内外口语交际学科知识体系进行梳理和甄别**,哪一些是有用的,哪一些是没用的,哪一些是有用但不适宜进入中小学课程的,梳理以后全部摆在这个地方。

【要点提炼】
借鉴国内外母语教学经验,梳理出口语交际教学的学科知识体系,是语文教学的重要任务之一。

就我肤浅的阅读经验来看,口语交际学中的一些重要的研究成果没有进来。口语交际学里面有太多的学问。比方说一个小孩子,他爸爸出差了,他在家里就调皮,他妈妈就说:"你小心一点,你爸爸明天就回来了。"那你分析一下其中有多少内涵:第一,他有一个爸爸;第二,他爸爸不在家;第三,他是怕爸爸的;第四,他妈妈是要倚重他爸爸来教训孩子的;第五,他妈妈教育孩子的主要方式是恐吓。

再比如单位里来了一个女同事,一个小伙子想跟她谈朋友,但是又不知道她有没有对象。有一天他看见这个女同事跟一个男同志在银行取钱,就想:"不对了!什么人才可以一起到银行取钱?那肯定是她最亲密的人、最靠得住的人呗!这样的人可能有两种,一种是她男朋友,还有一种是她哥哥,对不对?"

于是这个小伙子就想摸清底细,这里有两种方法。一种是气冲冲、酸溜溜地问女同事:"昨天那个男的跟你是什么关系呢?"那人家还不揍死你、骂死你?但是这个小伙子很聪明,他想了一个办法,说:"小张,昨天我看见你和你男朋友一起去银行取钱了,哎,你们在一起几年了?"这个女同事说:"啊,那是我哥哥,不是我男朋友。"你看这个男青年有效地达成了目的,而且也跟那个女同事搭讪上了,对不对?我发现这些口语交

际的技术和知识,我们整个中小学语文中都没有,**我们教材中的很多案例是一些"烂东西"**,因此要进行知识体系的梳理和甄别。

我发现目前人们对口语交际知识体系的梳理主要有三种。第一种是依据**行为方式**来分类的。这是某教材罗列出来的所有的口语交际行为方式,请大家看看从这种角度去梳理合适不合适:辩论、询问、介绍、描述、复述、讲故事、采访、劝说、发言、评论、听报告、汇报、讨论、谈话、演讲、交流、朗诵、解说、访谈。

第二种是依据口语交际者的**能力和素养**来分类的。它又有两种,一种是思维、人际交往、语言和副语言;另一种是知识运用、言语发展和文化,请大家考虑作为语文口语交际课程,这个角度是否合适。

第三种是依据**交际场合、交际情景**来分类的。这主要是王荣生教授的做法,他把口语交际分为日常情境下的口语交际、正式场合下的口语交际以及书面语的有声表达三种。

请老师们注意,这三种不同的呈现方式,哪一种更适合我们口语交际课程需要,还有没有新的呈现方式?这是你们要解决的问题。

> 【观察者点评】李海林教授说中小学教材中的很多案例是一些"烂东西",你同意他的判断吗?能举一个例子证明自己的观点吗?

> 请写出口语交际知识梳理的三种依据:
> 1. ＿＿＿＿＿
> 2. ＿＿＿＿＿
> 3. ＿＿＿＿＿

(二)口语交际课程标准的研制

课程标准的研制,关键是要在知识和知识之间构建一种符合课程理念和学科特点的关系,要把各个课程要素之间的结构关系搞清楚。以王荣生教授的研究为例,他在口语交际的教学性质、教学内容以及教学方式之间建立了如下的关系:

情境	日常情境	社会情境	书面转化情境
教学性质	反思性	形成性	艺术性
教学内容	交际状态	交际方式	交际技巧
教学方式	体验	认知与训练	训练

那么你们看,日常情境中的口语交际教学,它是反思性的,它不是形成性的,更不是艺术性的,那么它的教学内容是交际状态,它的教学方式应该是体验;社会情境下的口语交际是形成性的,它的教学内容是交际方式,它的教学方式是认知与训练。书面转化情境下的教学性质是艺术性的,教学内容是交际技巧,它的教学方式是训练。这三者是不一样的,而所谓课程标准的研制,就是把这些要素以某种方式组合起来形成一种结构。

> 【观察者点评】口语交际设计的关键在于活动的性质、内容和方式的匹配。

(三)教师口语交际知识的培训

第三步好像还没有人说过,我认为是非常重要的,就是对我们的语文老师做口语交际知识的培训。很多语文教师缺乏口语交际方面的修养,他们口语交际方面的知识比数学老师多不了多少,概念话语体系也不比别人强多少。但很多领导却看不到这一点,在他们的潜意识里,是默认我们语文老师都是懂得口语交际知识的,其实并不是这么回事。

(四)学生口语交际活动的设计

口语交际的学习活动设计是目前口语交际教学实践中存在的最大问题。口语交际的学习和写作、阅读的学习是不一样的。我教你口语交际,仅仅把口语交际知识讲给你听,讲一万遍也是白费力气。

这里我举一个高中教科书上的例子。我们三五个人一起聊天也好,座谈也好,贸然打断别人往往是不好的,是失败的口语交际,对不对?应该怎么样呢?应该认真倾听别人的发言,找出别人发言的逻辑脉络和逻辑前提,然后找一个切入口进去,跟别人进行对话和沟通,这才是成功的口语交际。各位,难道我们的孩子们或者说我们这些大人们不知道不应该打断别人吗?他知道,但是他一说话,就打断别人了。现在我孩子很小,只要我跟他妈妈一说话,他一定要打断我们,奇了怪了!然后跟他说过无数遍,大人说话的时候你不打断行不行呢?可就是不见效。现在我们看看别人是怎么教的。

这个活动设计大概分为以下几个步骤:

首先是分组讨论核心概念。什么叫"中途打断",什么叫"重叠跟进"。重叠跟进是翻译的,翻译得不准确,没办法只能这样翻译,其实就是你说话要能够找到别人的逻辑脉络和逻辑前提,然后找个切入口进去,跟上别人的思维,从而进行有效对话。

分组讨论了这两个核心概念之后,接着就是唤醒口语交际的经验。教师确定一个讨论话题,在讨论之前每个小组安排一个观察员,观察什么呢? 观察讨论中的中途打断和重叠跟进情况并认真记录,如果把这些过程拍下来更好。

等学生对中途打断和重叠跟进两种交际行为有了体验之后,就要求学生针对第一次中途打断的活动,谈谈自己被打断的时候是什么感觉或者为什么要中途打断别人。针对第二次活动也请学生来谈谈:当你认真倾听时,是不是有想打断别人的冲动,如果没有,为什么? 如果有,你是如何克制住冲动的,这样做了以后的效果如何? 多请几位同学来讲,这是最重要的一步,因为它把活动参与者的体验打开并呈现出来,把它知识化了。

> 口语交际活动的设计关键有三步:一是明确核心概念;二是用活动唤醒生活经验;三是对活动进行反思。我们不妨称之为"活动设计三部曲"。

各位,这就是口语交际教学乃至于整个语文教学的奥秘所在。毫无疑问,这样的活动对于老师的课堂管理能力的要求是非常高的。这样的课很难上,但是非常有效。

(五) 学生口语交际素养评价标准的建设

关于口语交际素养评价标准的研制,肯定涉及教育目标分类系统的三个领域,即认知领域、技能领域和情感领域。有时你跟某个人聊天,其实没有什么目的,也没有什么特殊的成果,但是你跟他交往就是觉得如沐春风,那里面有情感因素存在。有些人上课,他往那儿一站,气场就来了,那不是知识的问题,而是技能和情感的问题。

上次国培班在我们学校上课,上的是郁达夫的《故都的秋》,授课老师跟同学们讲:故都的秋,来得那么清,来得那么静,来得那么悲凉。可是无论他怎么跟同学们解释,同学们还是悲不悲、清不清、静不静,我在下面干着急。后来我对这个老师说:"你啥都不讲,你就说那句话怎么念的,不就得了。"因为口语交际,是有情感、有技能、有认知的,三者合一,他往那儿一站一读,就又清又静又悲了。最近你们喜欢看那个"中国好声音"吗? 同样是那首歌,声音一出来,那种要哭不哭要悲不悲要喜不喜的感觉就出来了。因此,从知识、技能和情感三个方面考虑口语交际素养的评价标准,蛮好用的。

> 【观察者点评】语文教学需要以"读"攻"读"!

三、口语交际教学研究的关键在于知识形态的转换

老师们，口语交际教学领域有上面五个方面的问题要研究。那么，从课程建设的角度来讲，它遵循的是一个什么样的逻辑体系呢？

作为一门课程，它的主体一定是知识，这是毫无疑问的。关于这点我恐怕要做一点反思，如果在座的哪位看过我那本小书《言语教学论》的话，就会知道我是反对知识教学的，对不对？那么我的逻辑是什么呢？我认为现在中小学语文课上教的知识都是"烂知识"，都是没用的。我这个判断错了吗？没错。那么我的结论是什么呢？我的结论是既然教的这些知识是不对的，所以就不要教知识，就要将它们都抛掉，这是不合适的。你看看人家王荣生，比我理性得多啊！他的结论是：既然这些知识是没用的，那怎么办呢？就换知识呗。

【观察者点评】呵呵，李教授还挺谦虚的！

进入课程领域的知识和我们一般意义上讲的知识不一样。它经过了一个知识形态的转化。我认为课程研究、教学研究的一个奥妙，就在于知识形态的转换，不停地转换。我们现在语文教学内容的研究所遇到的主要障碍就是知识形态的转换。那么，我们现在就看一看口语交际教学的知识形态是怎么转换的。

首先是由学科形态的知识向课程形态的知识进行转换。这一步相对不是很难，应该说也有人在做，虽然做得不怎么好。然后要由课程形态的知识转换为教师形态的知识。这是这些知识活起来的一个前提条件，也是学科发展的瓶颈。

【要点提炼】知识形态转换一：由学科形态的知识转换为课程形态的知识。

知识形态转换二：由课程形态的知识转换为教师形态的知识。

语文学科和其他学科不一样的地方在于，我这个教师的知识放在我的肚子里不一定说出来，在这个方面我跟王荣生的观点是一样的。而对于其他的学科而言，你这个老师肚子里有知识，口里一定要说出来。说出来以后一定要让学生肚子里有并且也要能够说出来。语文不一样，语文教师可以心中有、口中无；让学生心中有、口中无也是可以的。

例如，我问你一个知识，然后你心里知道你知道，我也知道你知道的；但是你一说出来你和大家可能就都不知道了。比如，什么是馒头？请告诉我。

有一次也是一个国培计划，像今天一样，有二十几个学员，都是一些非常优秀的教师。其中一个教师说："这个问题不简单嘛！馒头是面粉做的，是圆形的。"另一个人

说:"瞎说,我早上吃的就不是用面粉做的,我也不知道那是什么东西,大概是玉米或是其他什么粉吧。"另一个人说:"瞎说,昨天晚上我还在吃,是方形的。"看,真是你不说我还明白,你越说我越糊涂了!大家请注意,像这种知识,口中是必须无的。

这就是语文学科跟其他学科不一样的地方,在我看来,语文学科里至少有一半以上的知识是这样一种状况,它们是隐形的而不是显形的,老师和学生心中都有,但是口中就是无。教师形态的知识,其实在很多情况下是一种工作形态的知识。我在教学设计的时候,我要知道这种知识,甚至我要把这种知识显性化,但我进入教学实践以后,我可以不把它显性化,所以称它是一种工作方面的知识。

大部分语文知识仅仅靠口述和记忆的教学是不行的。你不懂我说给你听,说一万遍我还是不懂,必须转换成活动。

【要点提炼】
知识形态转换三:由教师形态的知识转换为活动形态的知识。

"北国风光,千里冰封,万里雪飘。"好啊,怎么好?有动有静,有大有小,这两个知识,你讲一万遍,有大有小就是好的吗?有动有静就是好的吗?不,有的时候全部是静也是好的。一下子就把你反驳了,学生怎样都不懂,为什么?

"叶子出水很高,像亭亭的舞女的裙。"讲知识,这本体是什么?喻体是什么?本体和喻体有什么样的相似点呢?本体是叶子,喻体是亭亭的舞女的裙,相似点是形状。同学们都懂这个知识,这个比喻就是好的?不一定,叶子出水很高,像一个棍子顶着破抹布。好吗?不好,不也有本体嘛,也有喻体嘛,比那个更相似。

有一个老师是这样教这句话的:叶子出水很高——啪,多媒体一放,这半边就是一个荷叶;像亭亭的舞女的裙——啪,多媒体又一放。我说:"老师,请你停下来,告诉我哪里相似。它那个叶子出现很多的问题,那个梗只有一个,这里面明明白白是两个梗,这个叶子上面是没有东西的,这个上面明明还有半个身子呢。"不相似的,不符合你讲这个知识的。你看,我们语文课就奇了怪了,你没有办法直接把这个知识讲给学生听。你要把那个教材里面所承载的知识设计成一个活动,让学生在这个活动中读懂课文、掌握知识、提高素养。各位老师,这就是我们语文教学面临的一个千古难题,这个难题是什么呢?就是如何以活动的形式传递语文知识。尤其是在口语交际教学中,这个问题最为隐蔽。你文明吗?不文明,我就跟你讲文明啊、礼貌啊,文明是什么、礼貌是什么,讲一万遍你还是不礼貌,还是不文明,这里需要搞活动。那么搞一个什么样的活动就能够让他真正礼貌起来呢?这多难啊!所以从教师形态的知识,转换成为活动形态的知识是最难的。

举个例子来说,我在美国听过一堂课,给我印象特别深。教的是什么呢?是比较专制政府、民主政府和无政府行政等三种不同类型的政府的优势和劣势,这是社会研究中的一个模块。我一听,这个课题怎么教啊。我想,第一步他肯定是做分类标准的阐释吧,之后分成三类,而后说说每类有几大特点,我想他肯定这样教。结果却完全出乎我的意料。老师说,今天我们要玩一个游戏。同学们一看玩游戏高兴了,什么游戏呢?"搭纸塔"。这个老师拿出一些纸和胶带,五个小组各分一个,看哪个小组能够在 10 分钟之内搭出一个又高又牢固的纸塔,别人吹不倒。对于获胜的小组,老师说有重大的奖励。什么奖励呢?这个老师从他的讲台下面一掏,这么大的巧克力!同学们很高兴啊。

【观察者点评】你能举个活动形态的口语交际设计的例子吗?

这时,老师又提要求了。他对第一组的学生说:"你们四个人中他最高,他就是组长,你们三个人要无条件服从他的领导,他让你们怎么搭就怎么搭。听见没有?"然后,老师对第二组的学生说:"你们这个小组用两分钟的时间先选举一下,看看你们信任谁,一旦你们选出来了组长,那你们要听他的。听明白没有?"接着,老师对剩下的几个小组说:"你们五个人是吧?这样,你们都是组长,你们想怎么搭就怎么搭,想不搭就不搭。明白没有?"

最后,老师要求:"各个小组搭完以后,要回答我三个问题。第一个问题,你们搭得怎么样?第二个问题,你们在搭纸塔的过程中遇到了什么困难;第三个问题,你们是如何解决这些困难的。预备——开始。"

记住啊,之后的 10 分钟里,这个老师什么也不干,外面玩去了。所以我看美国的老师一个星期上 25 节课,为什么还那么舒服?学生干活他休息。回国以后,我对我们的老师说:"你们想轻松吗?那就少讲点,搞活动。"

搭完以后,就更有意思啦。没有领头的那几个组最慢,这是一个什么样的症状?无政府。选举产生组长的那一组搭得最好,为什么?因为被选的那个人是他们最信赖的,也是他们认为最聪明的。指定组长的那个组次之,这里好像高个子不是很多吧,一般高个子都比较笨,大家都听从笨人的,可以想象一下效果会怎样。

然后是讨论,学生们开始介绍自己的小组遇到了哪些问题,他们是怎么解决的。同学们一边说,这个老师就一边板书,基本上都是用学生的原话。上完课以后(他们也是 45 分钟一堂课),老师总结:"同学们,这就是专治政府,这就是民主政府,这就是无政府主义政府。拜拜。"

老师们请看，如果用我那种方式讲，知识的系统性肯定比他强，对吧？知识的显形化肯定也比他强，但是我有两个致命的弱点：第一，知识的深刻性不够。同学们在自己体验了一番民主政府或者专治政府或者无政府主义政府的管理模式之后，老师再通过讨论把他的体验总结成知识，这是非常深刻的。第二，我那个教学方法，牢固性不够。实验表明，这种口耳相传的学问，一般情况下二十天以后剩下来的只有百分之五，而通过活动这样的教学方式，同学们对知识的体会领悟则终生难忘。你相信吗？二十年以后孩子们还能记得这堂课的。此外，活动的教学方式还有一个好处，那就是它不但让学生知道了不同类型政府的优势和劣势，还让他们深深地爱上了他们的政府。这就是我所说的那个包含知识的活动，用我的专业术语来讲就是活动形态的知识。

各位，假如说我们要教的口语交际教学、写作教学、阅读教学一共有108个知识点，其中有50个知识点我都有相对应的比较典型的活动设计。老师们啊，那绝对是重大的科研成果，但是现在好像没有人这样去想，很遗憾。

【要点评议】

李海林教授所说的活动形态的知识，用课标的语言说，就是"言语实践"，通俗地讲，就是"搞活动"。然而，这里所谓的"活动"并不是通常所说的"老师讲讲，学生动动"，作为语言训练的形态，它必须具备明确的教学目标和内容，必须首先考虑语文学科知识的介入程度、学生个体的参与程度和学生经验的改变程度等，否则就可能导致"活动"的"异化"。课改以来，这种异化的"活动"已经成为语文课堂中常见的形态。具体表现在以下几个方面：

第一，过度活动化。这是对过去语文教学片面注重知识训练的一种纠偏，但矫枉过正之后，则使教学进入了另一个极端：知识的介入不充分，仅仅为活动而活动，而不是为学习而活动。

第二，过于关注学生"群体的活动"，而对学生"个体的活动"关注不够。把训练重点放在活动气氛的营造上，而对学生个体思维方式和情感方式的训练关注不够，制约了学生言语智慧的深度改变。

第三，活动的"语文性"淡化。在知识介入的时候，所选择的知识本身漂

> 移出语文的边界。例如,教《一次大型的泥石流》这一课时,教师花费大量的时间组织了一个关于"泥石流"知识的活动,导致教学内容"漂移"到了地理学科。再如教《胡同文化》一课,教师用"胡同文化"的知识来指导学生的活动,使教学"漂移"到了学生历史与民俗素养的提高上。这些都导致了语文教学的"泛化"。

【要点提炼】知识形态转换四:由活动形态的知识转换为学生形态的知识。

当然最后是**学生形态的知识**:口语交际教学这堂课,或者这一组课完了以后,你让学生掌握了哪些知识,学生掌握的这些知识是以什么样的形态表现出来的,或者说,学生将用哪些表现性的行为证明自己掌握了这些知识。这些表现,我们可以称之为标志,或者叫里程碑,就是你教了一百堂口语交际课,你应该有几个里程碑摆出来给大家看。到了这一步,我才可以对你进行评价,其实整个教学都笼罩在这个评价之下。先有一个评价方案,整个教学就是在这个评价方案的引领下走过来的,或者说是倒推过去的:我要的是这个 D,为了实现这个 D,我肯定要先做 C;为了把 C 做好,我肯定先做 B;为了把 B 做好,我先做 A。好,现在我们走 A,走 B,走 C,终于抓到了这个 D,这就叫作**课程的逆向设计**。

最后,我用以下三句话结束我关于口语交际教学方面的内容。第一句话,**口语交际教学是最有实际意义的,最能够激发学生学习兴趣,也最为灵动的教学领域**。各位请你们想一想,我们语文课现在学生不喜欢,真的不喜欢,我在一线教课,每周要上两节口语交际课,那是最为灵动、最能激发学生兴趣的时刻,比写作教学、阅读教学还喜欢;而如果做得不好,那就乏味至极。第二句话,**口语交际教学**由于研究不充分,**尚未真正全面规范地实施**。第三句话,**有志于口语交际教学的老师,完全可以把这个领域当作自己终身的学术追求**。我们搞语文教学研究的人,一定要明确自己的研究方向。教育史、课程论、教育学、心理学、听说读写,什么都想去研究,最后什么东西都没有突破,这是最糟糕的!

资源链接

1. 李海林. 言语教学论(第 2 版)[M]. 上海:上海教育出版社,2006.

2. 王荣生,李海林.语文课程与教学理论新探[M].上海:上海教育出版社,2006.

3. (美)狄安娜·D·赛尔劳著,朱强主译.公共演讲:路径与方法[M].北京:清华大学出版社,2010.

4. (美)达林·曼尼克斯著,刘建芳译.美国学生社会技能训练手册[M].天津:天津社会科学出版社,2011.

后续学习活动

以下是《美国学生社会技能训练手册》中设计的一个学习活动,阅读并回答文后的问题。

故事:识别倾听技能

人物:爱丽斯、克里斯蒂
地点:学生食堂
任务:识别特殊的倾听技巧

爱丽斯:你好,克里斯蒂!最近怎么样?我可以坐在你旁边吗?

克里斯蒂:哦,当然,请坐吧。来根香蕉吧?

爱丽斯(笑):不,谢谢!嘿!你好像情绪不高啊,怎么了?

克里斯蒂:我知道家庭问题真的是难办。去年我父母非常不和,关系相当紧张。

克里斯蒂:嗯……其实没什么,不过是家里的事情。

爱丽斯:我记得你说过你姐姐很让你头疼,现在好点了吗?

克里斯蒂:我都忘了我和你提过她了。事实上,她真是个大麻烦。自从我奶奶搬来和我们一起住,我们两个就开始闹别扭,天天不高兴。

爱丽斯:这只是临时的吧?

克里斯蒂:我想我奶奶快不行了!(笑)哦,我的意思并不是盼着她死,事实上她病得很厉害。

贝斯:嘿!伙计们!愿意和我去运动馆吗?嘿——怎么了?

爱丽斯:呃……我想我们正讨论家庭问题呢,我们一会儿再去吧,好吗,克里斯蒂?

克里斯蒂(惊讶地):好的。

(贝斯走了)

爱丽斯:我明白,每个家庭都需要重新适应一些事情。很遗憾现在你们合用一个独立的房间,你的衣柜是不是也与你姐姐合用?

克里斯蒂(伤心地):还有浴室!!还有毛巾!!!还有电话!!!!

在这个对话中你发现了哪些倾听技巧?
_____
_____

问题:你认为上面的这个活动设计得如何?请运用讲座中的知识阐述你的理由。

口语交际的课程内容及活动设计

专家简介

王荣生,文学硕士、教育学博士。研究方向:语文课程与教学论,语文教师专业发展。现为上海师范大学教育学院教授、博士生导师,上海师范大学语文课程研究基地负责人。著有《语文科课程论基础》(教育科学出版社)、《语文课程内容与教学内容》(教育科学出版社)、《语文教学内容重构》(上海教育出版社)、《听王荣生教授评课》(华东师范大学出版社)、《求索与创生:语文教育理论实践的汇流》(山东教育出版社)、《阅读教学的要诀》(中国轻工业出版社)等。

热身活动

阅读主题报告之前,请你完成下面的两个题目:

1. 你觉得自己正在使用的语文教材中的口语交际活动设计得如何?请分别选择一个你认为设计得最好的和设计得最差的活动,各写出两条理由。

最好的活动设计:　　　　　　　　最差的活动设计:
理由一:　　　　　　　　　　　　理由一:
理由二:　　　　　　　　　　　　理由二:

2. 你在教学中是怎样指导学生练习演讲的?请写出两种方式。在指导学生演讲时,你给学生提出了哪些建议,请写出三条。

方式一:
方式二:
建议一:
建议二:
建议三:

学习目标

通过本专题的学习,你能够:

1. 区分口语交际活动的三种类型,并举例说明其课程内容。
2. 根据不同类型的口语交际活动的特征,设计有效的学习活动。

> **讲座正文**

口语交际作为语文课程的一个独立领域,大致可以分为"日常生活中的口语交际活动"、"组织中的口语交际活动"和"书面语的有声表达"这三个大类,它们的课程内容和活动设计也各不相同。

一、口语交际的课程内容

三类口语交际在课程内容上有"质地"的差异:日常生活中的口语交际活动,其课程内容主要是"反思性"的;组织中的口语交际活动,其课程内容主要是"形成性"的;而书面语的有声表达,其课程内容主要是"技巧性"的。反思性的课程内容好比"亡羊补牢";形成性的课程内容好比"雪中送炭";技巧性的课程内容好比"锦上添花"。

【观察者点评】"反思性"、"形成性"、"技巧性"的内涵是什么?让我们细细品味下面的解释吧。

(一) 反思性的课程内容

在母语的环境中,学生日夜浸润在口语交际当中,他们在日常的生活中、在以往的语文学习中所形成的口语交际能力,已经足以应付基本的口语交际活动。然而,他们的口语交际往往或多或少地存在一些问题,这些问题阻碍了人际间的有效沟通。为什么会出现这样的问题呢?我觉得不是因为他们不知道怎样交际,或不具备口语交际的技能,而是因为他们对自身存在的缺憾没有意识,甚至还误以为缺憾是优点。日常的口语交际可以和"走路"相类比。一个乱穿马路的人,并不是不会走路,而是认识不到乱穿马路的错误和危害,甚至还以为走人行道没有必要,乱穿马路理所当然。同样,一个在公共场所高声喧哗的人,并不是因为他不具备轻声说话的技能,而是因为他认识不到轻声说话的必要性和重要性,还以为音量的放大是天生自然。人际沟通中的问题,可能绝大部分是这种情况。

【要点提炼】在日常生活中学会的交际技能是没有经过筛选的,有些是好的交际习惯,有些则是坏的交际习惯。他们潜藏在我们的下意识里,不反思就难以发现。

学生在日常口语交际中的种种缺憾,是自然养成的,某种缺憾也往往不为某人所独有,而带有相当的普遍性。因而,对大多数人来说,也不太可能在日常生活中自然地得到改善,换句话说,这类知识是需要在语文课程里"教"的。看一个国外的课例:

一、教学目的
了解会话交际中的不同风格和实用技巧,以便应付会话中出现的交际冲突。

二、活动步骤
(一)将学生分成小组,让他们给"中途打断"(interruption in conversation)和"重叠跟进"(overlap in conversation)下定义,并让他们决定两者是否有区别,若有区别,如何表现。如果学生需要帮助,教师应启发他们想象在真实的交际中,人们遭遇的"中途打断"和"重叠跟进"的现象以及交际者的心理反应。

(二)选择一个会话主题(例如:体罚、毒品合法化、公共场所吸烟),任何主题都可以,但必须能激发学生的兴趣,并且能够使全班学生分为人数相当的两组。

(三)了解学生们的不同意见,将全班分成两组,将意见相同的学生分在同一组内,然后给5—10分钟时间让双方准备辩论(列出论点、证据和需要用的词汇)。

(四)从两组中各选一名学生,在教室前面面对面地坐下,让两位学生代表双方就所选主题展开讨论。但不允许在相同时间内讲话。不管他们如何激动,必须等对方说完之后才可以发言。同时请全班学生专心听讲,注意发言者的互动情况,几分钟以后教师中断对话。

(五)从两组中各另选一名学生,也对面而坐,让他们就主题展开讨论,但尽可能在同一时间内抢着发言,不等对方把话说完,想说立刻就说,同时请全班其他学生观其言行,注意双方互动,几分钟以后停止。

(六)让全班学生围成一个圆圈坐下,共同讨论教师提出的问题:
● 两次对话有什么不同?
● 参加第一次会话的两人有什么体会?
● 参加第二次活动的两人有什么体会?
● 当你同朋友交谈时你是如何表现的,是像第一组那样还是更倾向于像第二组?

- 你如何与你的老师、你的上级和你的家庭成员对话?
- 你认为你这样对话是由你本人的个性所决定的吗?或者因为别人的个性?
- 其他人是否以与你同样的方式与别人交流?

很明显,在这堂课里,教师既没有"教"中途打断(或不打断)的"技能"(这些技能学生已经具有),也没有"教"如何避免(或坚持)重叠跟进的"技能"(这些技能学生也已经具有),而是在讨论"中途打断"和"重叠跟进"这两个"概念"的基础上,促使学生反思中途打断和重叠跟进这两种行为,通过反思,唤醒学生"自觉地"改善自己的日常口语交际。所以说,我们把这类课程内容称为反思性的课程内容。

一般来说,越是日常的口语交际,越需要反思性的课程内容;越是高年级(已经学会了某种类型的口语交际),课程内容就越需要是反思性的。而反思性的课程内容,一般只需用较少的课时,要是我们的课程内容选择恰当,而教师的那一次教学又能够使学生刻骨铭心的话,即使学生故态复萌,一般也只需提醒即可。像我们有些教材那样"自我介绍"、"介绍朋友宾客"、"介绍我的家"、"介绍我的家乡"等等一路"介绍"下去,从课程内容的角度看,那是很不适当的。

【观察者点评】为什么王荣生教授认为有些教材中安排的自我介绍之类的内容是不适当的呢?

【要点评议】

日常生活中的口语交际指的是那些人们天天都在使用的、习以为常的口语交际活动,如寒暄、攀谈、打电话、劝说、直言、婉言、协商等。人们在这类活动中所使用的技能和策略绝大部分是在日常生活中自然习得的。用句通俗的话说,这类技能和策略其实就是我们平时说话时养成的习惯。既然是习惯,就可能有好有坏。这种技能和策略不需要刻意去教,关键在于启发他们反观自身,对自己口语交际中的"坏习惯"进行反思和警醒,因此,我们把这些技能和策略称为"反思性的课程内容"。以下表格列举的是寒暄、攀谈、劝说等需要关注的学习内容。

寒暄、攀谈、打电话及劝说的课程内容

类型	该做什么	不该做什么
寒暄（打招呼）	● 要看具体的场合 ● 要简短适度 ● 要考虑民族习惯 ● 要考虑对方的身份、年龄、兴趣、经历等	● 不拖泥带水 ● 不涉及民族的禁忌

攀谈（聊天）	● 要寻找与谈话者的相似点：
	  ■ 从年龄入手
	  ■ 从地域入手
	  ■ 从职业入手
	  ■ 从爱好入手
	  ■ 从经历和处境入手
		● 不要说"煞风景"、"倒胃口"的话
		● 不要说消极的话
		● 不要问别人不愿谈的事，不触别人的痛处
		● 不要居高临下地说挑衅式的话

劝说	● 从善意的角度提醒对方 ● 多用隐喻和暗示 ● 使用"我向信息"，用我作为主语，如，看到这样的事情，我感到很伤心 ● 就事论事	● 不强制命令，如"你必须……" ● 不做价值判断，如"你真笨"

（二）形成性的课程内容

学生新接触的口语交际类型，或者在"质地"上与学生所熟悉的日常生活有较大差异的口语交际活动，都需要形成性的课程内容。如果说反思性课程内容针对的是像"走路"一样的日常行为的话，形成性课程内容针对的是像"开汽车"一样的在母语的自然浸润中学不到或学不像样的行为。如讨论、辩论、采访、演讲等。

形成性的课程内容，是教技能，也就是教"怎么听"和"怎么说"。请看下面的材料：

演讲者如何在演讲之后回应听众的提问

应该

◆ 仔细聆听听众的问题。

主题学习工作坊

◆ 用自己的语言重复这个问题,以保证你的理解是正确的,并让其他的人也可以听到。

◆ 如果这个问题很复杂,则把它们分成若干部分,你先讲述一部分,然后再回答。

◆ 把你的回答同你演讲中的论点联系起来。

◆ 回答问题时,要简短明了,击中要害。

◆ 要核对一下:"我的回答解决了你的问题吗?"

绝对不要

◆ 使提问的人感到难堪。

◆ 辩解。

◆ 虚张声势。

◆ 盛气凌人。

◆ 一对一的辩论。

"回应听众的提问"是应该怎么说的问题。上面的材料用"应该……"和"绝对不要……"这样的方式,从正反两个方面明确了这一问题。

从上面的材料我们可以看出,**口语交际与阅读有一个重大的区别:口语交际在外显行为这一方面更为突出。**阅读也有行为问题,比如保持书籍与眼睛的适当距离,通过打拍子等来抑制默读中的内部声音干扰等等,这些在语文课程中也是要教的,但相对而言可以作为次一级的问题来对待,它们可以穿插在"读什么"的教学过程中,也可以单独抽出来进行教学。但是,作为口语交际,尤其是面对面的口语交际,行为是被包含在交际里面的,有些时候行为还构成口语交际的主要方面。比如上面材料中"回答问题时,要面向全体听众",绝对不要"虚张声势"和"盛气凌人",这些行为有时比说出来的话还要重要,乃至决定着交际的成败。行为问题,很大程度上是"做什么"和"不做什么"的问题。

这里再举一个商务电话的例子。日常打电话,是不需要放在语文课程里"教"的,

【观察者点评】上面图框中的知识你之前关注过吗?

除非我们有反思性的课程内容;然而,对一个职业高中商务专业的学生来说,商务电话则是一个值得学习的口语交际类型。要是我们以为日常的打电话与商务电话没什么区别,或者学生以为用日常打电话的那套足以应付商务电话,那无疑要犯极大的错误。

商务电话18条黄金规则

1. 电话铃响4遍之前迅速拿起电话——打电话的人不喜欢等得太久。

2. 笑着接听电话,你的笑容会通过你的声音显示出来,这会让你显得更加友好。

3. 打电话时,要确信这个时间对对方来说很方便。

4. 在应答电话时,要作口头上的问候,告诉对方你的姓名、公司名称及所属部门。

5. 要表现出对对方的理解,可以用温暖友好的语调和他迅速建立起关系来。

6. 可以通过询问来获得信息,也可以通过求证的方式来明确你已理解了的信息。

7. 如果可能的话,尽量迅速准确地回答对方的问题;如果你无法帮上忙的话,那么就告诉他们你能够为他们做什么。

8. 经常性地用一些提示语言向对方表示你正在听。例如"是的"、"我明白"或"对"之类的。

9. 向对方重复一下他告诉你的姓名、电话号码、传真,以保证你记下的是正确的。

10. 做个记录,记下所有必要的信息。俗话说得好,"好记性不如烂笔头"。

11. 向对方求证一下所有的重要信息,也就是你们正在讨论的问题。

12. 应该记下他们的详细信息,并向他们保证你一定会把他们的消息传达到合适的人那里并要求他们回电话。

  13. 全神贯注于打电话给你的人。没有人能够同时和两方面谈话又能获得双方的全部信息。

  14. 将注意力集中在当前的这个电话上，不要问一些无意义的话来打断对方。

  15. 牢记通话双方都应该知道他们在与谁谈话。

  16. 双方协商好要采取的方案。

  17. 结束电话时再确定一下你的记录。

  18. 适当的结束方法。不管在什么环境下，都该在结束时证实一下讨论的所有问题，并感谢对方为此花费的时间和精力。

  上面列举的商务电话黄金规则18条，它提醒我们，**形成性的课程内容往往是复杂的**，可能有多项技能构成，因而学习时需要花费较长的时间，对技能也需要做适当的分解。比如美国加利福尼亚州的《公立学校英语课程标准》中"叙述性发言"从一年级一直延伸到八年级。我国的语文教材和教学实践，在处理讨论、辩论、采访、演讲等复杂的口语交际类型时，试图只通过一次囫囵吞枣的活动就将问题解决掉，这完全不妥当。

【要点评议】

  组织中的口语交际指的是那些在正式的组织(如班级、团队等)中展开的口语交际活动，如讨论、辩论、采访、演讲等。其技能和策略是"在母语的自然浸润中根本学不到或者学得不像样的"，因此它们主要应该由教师提供，这就是王荣生教授将这些内容称为"形成性的课程内容"的原因。以演讲为例，其课程内容如下表：

演讲的学习内容

	该做什么	不该做什么
演讲的开头（引言）	● 强调给听众带来的好处 ● 讲一个故事 ● 介绍能引起听众兴趣的事实 ● 引起听众的好奇心，如"如果你有100万英镑，你将怎么办？" ● 使你的听众感到震惊，如"互联网可能使我们破产" ● 使用道具 ● 提出与主题相关的东西	● 不要道歉，如"今天早上我才决定来这里演讲，没时间准备" ● 如果自己不善于幽默，不要去尝试 ● 开场白的时间不要超过整个演讲时间的15%
演讲的主体	● 围绕主要观点，对材料分类 ● 支持主要观点的材料不少于2种 ● 材料要包含数据、案例、程序和图片等多种类型 ● 让材料和听众相关 ● 确定材料陈述的顺序，如时间型、主题型、故事型、对比型等 ● 用过渡句、序号等将材料连接起来	● 不能仅仅使用一类材料，如仅仅是数字 ● 材料不能与听众无关
演讲的结尾（结语）	● 让人感到有趣，如一个吸引人的东西、一个故事、一个成语、一个想法、一个形象等 ● 简短明了 ● 使用提示性的话语，如"我们看到""这意味着"等 ● 号召大家采取行动	● 不要紧急"刹车" ● 不要"兜圈子" ● 结尾不要超过演讲时间的10%
演讲之后回答听众的问题	● 仔细聆听听众的问题 ● 用自己的语言重复这个问题，以保证你的理解是正确的，并使别人也可以听到 ● 如果这个问题很复杂，则把它们分成若干部分；你先讲述一部分，然后再回答	● 不要使提问的人感到尴尬 ● 不要与提问者辩论 ● 不要虚张声势 ● 不要盛气凌人

	该做什么	不该做什么
	● 把你的回答同你的演讲中的论点联系起来 ● 回答问题时,要简短明了,击中要害 ● 要核对一下:"我的回答解决了你的问题吗?"	
演讲的语言	● 尽可能使用人称代词 ● 使用短句子 ● 做及时的重复 ● 使用描述性的语言 ● 使用熟悉的词语 ● 尽可能使用"我们"、"我" ● 使用感性的语言	● 句子不能过长 ● 不使用术语,确有必要时,对术语作出解释 ● 不要出现有歧视倾向的语言,如性别歧视、年龄歧视、职业歧视等

(三) 技巧性的课程内容

如果说形成性的课程内容所面对的是"开汽车"那样的事,那么技巧性的课程内容所面对的就类似于"登台亮相"。登台亮相具有自然性的一方面,几乎人人都会,并不像开汽车那样不专门学习就掌握不了。但另一方面,技巧性的课程内容又与反思性的课程内容不同,就像"登台亮相"不同于"走路"一样。很少有人始终意识到自己是怎样走路的,但几乎人人都能感觉到登台亮相的紧张、窘迫,而克服这种窘迫和紧张,就需要学习一些技巧。

一般来说,技巧性的口语交际活动往往是一些比较特殊的活动,或者发生在特殊的、隆重的场合,或者对活动有特殊的要求,因而要达到满意的效果往往要付出特意去"做"的努力。如诵读、戏剧表演、谈判等。

日常生活中的口语交际,讲究真心诚意。我国过去的所谓"口语交际研究"、所谓"口语交际教学的研究",一个主要的内容就是津津有味地罗列一些"高人"的"口语交际艺术"——阿凡提怎么样,马克·吐温怎么样,某某某在某种场合又怎么样,等等。这是一种坏风气。我们认为,"教"日常生活中的口语交际,原则上要摒弃表演性的技巧。

【要点评议】

  与组织中的口语交际相比,隆重场合的口语交际更为正式,因而更强调技巧的运用,如考场面试、求职面试、戏剧表演等。如果说把日常生活中的口语交际比作"走路"、组织中的口语交际比作"开车"的话,隆重场合的口语交际就像是"登台走秀"。为了在隆重的场合更好地"展示"自己,交际者往往会加入一些"做"的成分,而如何"做"得自然,则需要交际的技巧和艺术,因此,我们把这类技能称为"技巧性的课程内容"。以下是面试的学习内容。

面试的学习内容

	该做什么	不该做什么
面试	● 要准备充分 ● 要谦虚谨慎,不懂的问题要虚心请教或坦白地承认 ● 要根据面试的类型和现场的情况随机应变,如集体面试时要言简意赅 ● 要扬长避短,显示自己的实力和潜能 ● 要保持平常心 ● 要有自信 ● 服饰要和身份、身材、季节相符,不浓妆艳抹 ● 表情自然,动作得体 ● 用语文明,主动打招呼 ● 保持安静,注意倾听 ● 及时回应对方,保持适当的节奏	● 不要握手无力,离对方过近 ● 不要坐立不安,举止失当,如挠头皮、挖耳朵、摇头晃脑、跷二郎腿等 ● 不要离题 ● 不要语速太快,打断对方 ● 不要言语粗俗 ● 不要做鬼脸 ● 不要提太幼稚的问题 ● 不要过于紧张 ● 不要把成败看得过重 ● 不要把考官看得太神秘

二、口语交际的活动设计

  对写作和口语交际来说,课程内容往往是通过活动来体现的。活动设计的最基本要求是要有明确的指向,集中地体现相对单一的课程内容,从而有效地达成课程目标。

（一）与反思性课程内容相适应的活动

反思性的课程内容所面对的主要是日常生活中的口语交际,我们曾用"走路"来比方。学生在日常口语交际中的种种缺憾,并不是因为缺乏实践,相反倒是由于过多的实践,由于过多地实践了"乱穿马路",乃至习以为常。为唤醒学生的反思意识,这类活动的设计原则上不应该是日常生活的简单搬移,而应该是与日常生活拉开一定的距离,从而使习以为常的生活"陌生化"。

能够造成"陌生化"的第一种活动方式是游戏。工商管理培训使用的大量的经典游戏可供我们借鉴,这方面的材料我们在书店里很容易找到。例如下面的训练倾听意识的游戏。

窃窃私语

目标

● 参与者意识到通过多种渠道传达信息通常会丢失很多内容。

● 思考如何提高信息传递的准确性。

材料

报刊上最近发表的一篇文章(选其中的2—3段即可),或准备一个小组故事,最好选择参与者不熟悉的内容。

时间:20—30分钟

组织程序

第一步:参与者分成5人一组,从1—5报数,每人认领一个号码。

第二步:各组的1号留下,其他人全部离开房间。

第三步:培训者告诉所有的1号,自己将给他们讲一段新闻或一个故事(见材料要求),他们不能做笔记,只能听。

第四步:培训者讲完故事后(不允许听者问问题),要各组的2号回到房间。

第五步:各组的1号把故事讲给2号听。要求同第三步。依此类推,直到所有的人都有机会听到故事。

> 第六步:随机抽几个标有 5 号的人,让他们重复自己刚才听到的故事。
>
> 第七步:培训者将原先的故事向所有人读一遍。
>
> 第八步:全体人员反思并讨论下面的问题:
>
> 1. 在每一次讲述中,原来的故事丢失了多少内容?又增加了多少内容?
> 2. 当故事在组员中传递时,发生了什么错误或内容上的不同?是如何发生的?
> 3. 怎样才能既忠实于故事的原貌又增加对故事的理解?
> 4. 在现实生活中,怎样才能准确地得到信息?

能够造成"陌生化"的第二种活动方式是"讲故事"。讲曾经发生过的与学生生活经验联系紧密的真实故事,也包括学生讲述自己(即反思自己)生活中的相关经历。故事的主题应该是不成功的交际,或者是现在回想起来有缺憾的经历,而不应该是"高人"的"交际艺术"。需要破除一个束缚,有些教师以为,口语交际教学必须是学生在课堂里交际,比如问候,必须是学生进行问候的活动;比如赞美,必须是学生进行赞美的活动,这是不对的。如上所述,学生在生活中缺少赞美别人的举动,不是因为他们不懂得赞美,而是缺少赞美别人的意识。**母语课程的日常口语交际教学,绝不应该自以为是地去教学生在生活中原本已经学会的东西。**反思性的课程内容是唤醒问候的意识、唤醒赞美别人的意识,而这并不一定需要学生在课堂里练习问候、练习赞美。我们应该认识到,学生在课堂里开口讲话,并不等于一定是在进行口语交际教学;学生在课堂里不练习、不表演他们已经会说的话,也并不意味着不能进行口语交际教学。

能够造成"陌生化"的第三种活动方式是观看真实生活中交际活动的教学录像,别人的或自己的。可惜目前我们缺少这样的资源,也缺乏合法地获取这种资源的手段。一个变通的方法是有意制造一个事端,让学生信以为真,然后观察(原貌记录)学生的交际活动,作为教学中的分析对象;也可以有意识地观察(原貌记录)学生课中、课间、课后的交际活动,选出可以作为教学分析对象的材料。这里又需要破除一个束缚,有些教师以为,学生的日常口语交际活动,就一定要发生在教室的外边、学校的外边,比如到商店去购物、在风景名胜区做导游、在家的客厅里接待客人,这也是不对的。什么是日常生活?日常生活就是我们沉浸在其中所度过的时间。谁都知道学生的大部分时间是在学校、在课堂里度过的,怎么这反而不是日常生活了呢? 日常生活对学生来说,主要是学校生活,"如何让更多的学生参与校报工作"、"如何使我们的告示板更富吸引力"等等,都是口语交际教学的真实话题。

反思性课程内容的要义,在于引起反思,对自己真实的口语交际行为进行反思。我们认为,目前在口语交际教学实践中反反复复出现在课堂中的做客、待客、指路、问路、看病、打电话、接电话等等,由于缺乏应有的反思性课程内容,很少能起到反思的效力,因而往往不值得采用。而且,大量看起来是把日常生活搬进课堂的口语交际,其实是"涂脂抹粉"、"乔装打扮"了的,本质上缺乏生活的真实性。看一个课例片段:

文明之星伴我行(学生在课堂中扮演的"待客"活动)

小华:谁呀?

客人:是我,你爸爸单位的王叔叔,找你爸爸有点事。

小华:哦,是叔叔呀!快请进!

小华:请坐。我先给您倒杯茶,您稍等。

客人:这孩子真是有礼貌,谢谢。

小华:王叔叔,您喝茶。

客人:谢谢。

小华:王叔叔,我爸爸去奶奶家了,估计快要回来了。您找我爸爸有啥儿事呀?

客人:一点儿私事。

小华:哦,那您就先等等吧。

(简介,小华陪王叔叔聊天等爸爸回来)

客人:时间不早了。小华,要不我先走吧,你爸爸回来,请他给我来个电话。

小华:好的。他回来我一定转告他,您慢走。

客人:小华,你这么小就会有礼貌地使用文明语言待客了,真是个讲文明的好孩子。请回吧,再见!

小华:再见!(微笑送客)

稍加注意就可以看出，上述课例中的口语交际活动，实际上是现实生活的变形模拟（提纯、改造、虚构），本质上不具有生活的真实性。

李明洁把这类活动归类到"戏剧"而定名为"即席表演"，这是很有见地的。即席表演具有两面性，一方面表演者要投入，力求像真的一样；另一方面，无论是表演者还是观看者都清醒地知道这不是真的，是在表演。戏剧表演的要义是把戏演好，而演好戏的前提是表演者要把自己变成戏剧中所扮演的一个角色，而将这个角色的言语行为与日常的"本真的我"相隔离。即席表演在口语交际教学中有用武之地，但主要用在形成性课程内容的教学中。

关键是把表演当表演，而不能把课堂里表演性的"口语交际"当作日常生活中真实发生的事情。像我们现在这样，真(生活原貌)假(课堂中的表演)不辨,甚至以假代真，必然导致学生将课堂里所表演的"口语交际"与自己真实生活中的口语交际割裂开来——口语交际的课里是一套讲话，口语交际课之外又是一套讲话，这样的结果相信是谁也不希望看到的。

那么，设计日常生活中的口语交际活动，需要注意哪些问题呢？我们这里结合上面举过的"中途打断"的例子来说说。

首先,话题必须能激发学生的兴趣。什么是"必须能激发兴趣"的话题呢？那就是能把学生卷入其中的话题，如案例中列举的"体罚、毒品合法化、公共场所吸烟"。如果是我们语文教师，也许可以选"作文批改"作为话题，一方主张不批改作文，另一方主张必须批改，然后我们对这件涉及我们自身的事进行辩论，我们自然也会把它当作切己的事情"投入"到辩论中。第二要真实。这是一场真实的辩论，在教室前面坐下的两个同学是在讲自己真实的话，学生是在演示而不是做戏。第三个要点,这里有表演的成分,即对生活原貌的变形，那就是发言的规则——"不管他们如何激动，必须等对方说完之后才可以发言"，这样的事情在生活中不太可能发生。而之所以变形，是为了造成"陌生化"的效果，从而凸显出我们在日常生活的交际中所没有意识到的问题。第四，学生的演示,是片段的,而不是像演戏（比如上面的"待客"那样完整

【要点提炼】之所以认为不能把表演性的"口语交际"当作日常生活中的口语交际，主要原因是为了避免学生把课堂和生活隔离开来，课堂上学的是一套，生活中做的却是另一套。这是非常糟糕的！

请把日常生活中的口语交际活动设计的要点写在下面：

地从头演到尾。换句话说,活动是为了满足教学的需要,而不是为活动而活动。

(二)与形成性课程内容相适应的活动

形成性课程内容所面对的,是学生相对陌生的口语交际类型,主要是组织中的口语交际,或正式场合的口语交际,我们曾用"开汽车"来类比。不会开汽车,是因为缺乏相应的知识和技能;不会进行正式的讨论,是因为日常生活中缺少这种讨论的环境,很难自然地形成有关讨论的知识和技能。

最能满足形成性课程内容教学需要的活动,可能是上面提到的"即席表演"。李明洁的《口语交际新视点》中有一个很好的样板:

> 现在我们来做一个"教务会议"的练习。
>
> 情景:你们学校的教务长要召开一次教务会议。原因是:副科老师提出意见,认为他们的课时越来越少,有时因为要给主科让时间而不能保证按照教学计划上课,他们的效益和就业机会都受到威胁。教务长因此举行该次会议。参加会议的有:若干音乐老师、若干美术老师、若干常识老师、若干主课老师、教务长、校长助理和教学委员会委员(包括任课教师代表、行政管理代表和学生代表)。
>
> 练习
>
> 1. 考虑一下副科老师面临的处境。这些处境决定了他们应该采取什么样的话语策略?
>
> 2. 考虑一下教务长和校长对这次会议有什么期望?
>
> 3. 将拥有共同利益的人组成小组。如:音乐老师组成一组或者副科老师组成一组,教务长和校长助理组成一组等,并依据分组讨论各组需要陈述的立场和理由。
>
> 下面是"答辩会"。
>
> 情景:教务办公室里一切准备就绪。教务长向大家表示欢迎,并简要地介绍了这次会议的目的和发言要求。接着要求第一组代表发言……
>
> 练习
>
> 1. 把教室布置成会议室。

2. 各小组再活动一次,为报告作最后的准备。

3. 举行会议。发言过程一般不可以打断(除非时间太长)。一个代表发言结束后,可以接受教学委员会的提问。

下面是"内部磋商"

情景:最后一组代表报告结束以后,教务长对大家表示感谢。他宣布暂时休会,他要与校长助理和教学委员会进行内部磋商。

练习

1. 教师组:本组的报告内容如何?报告的手段和效果如何?哪几点还需要进一步阐述?根据刚才其他组的信息,本组应该作出怎样的回应?

2. 教务长一组:哪个组的报告更有说服力?哪个组的意见不具有说服力?为什么?

3. 各组为结束会议准备口头补充材料。

"最后决定"

情景:再次把教室布置成会议室。所有人再次入场。教务长宣布由教学委员会代表主持余下的会议。

1. 各组作补充陈述。

2. 教学委员会作总结陈述,包括对各组意见的概括和最后的讨论决定。

在刚才的练习中,你们复习了讲解、报告和议论等口语交际活动。所有的同学都在活动中扮演了一定的角色。请按照以下几点对你们的经验进行总结和评估。

1. 哪些同学的角色扮演较为成功或不很成功?为什么?

2. 你们在倾听别人发言时有什么感受?你跟上他的思路了吗?

3. 说话的姿态和动作表情如何与人物身份吻合?

4. 哪一组的配合较为默契?为什么?

上面的案例是个大单元设计,根据我们现在的课时安排,在教学中可能需要组织相对短小的"即席表演"活动。组织"即席表演"活动的要点主要有两个:

1. 话题是正式的,而且是虚拟的。这跟反思性课程内容所需要的活动正好相反。

2. 活动中的关注重点不在于具体的结论,而在于口语交际的行为。这有别于"真实"的讨论。

上述两点,是相互制约的。如果学校决定下星期去旅游,这星期的口语交际课就把"到哪里去旅游"作为讨论的话题,这不是一个好主意。因为真实的话题很容易使学生卷入其中,因而他们更关心结果,在争得结果的讨论中一般不会去注意口语交际的行为问题,也难以注意。换句话说,**即席表演要遵守"戏剧"的规则,而不宜与"生活"混同起来**。

在口语交际实践中,有不少教师"教"采访的办法,是让学生进行模拟性采访,比如让学生去"采访"某位任课教师。这也不是一个好主意。**模拟性的采访最好"戏剧化"**,也就是说,学生扮演采访者,而那被采访的教师也需要进入"扮演"的角色,比如有意地答非所问,比如拒绝回答问题甚至态度傲慢地教训采访的学生,比如喋喋不休地自顾自讲述等等,这样,学生才能够进入某种特定的情境,从采访的模拟中学到怎么采访。

> 【观察者点评】你在口语交际教学中是否采用过模拟的办法?你觉得这种方法是否存在王荣生教授所谈到的问题?

(三)与技巧性课程内容相适应的活动

技巧性课程内容所面对的,是需要满意地达到(艺术)效果的口语交际,我们曾用"登台亮相"来比方,典型的类型是诵读和戏剧表演。

与技巧性课程内容最相适应的活动是"实战"。比如戏剧表演,那必须是一场真正的演出;比如诵读,采用让学生录音并参加评比(计入语文成绩)或朗诵比赛的形式,效果会显著增强。再比如"介绍",如果所追求的是满意的效果,那必须是一次真正的介绍,比如向参观学校的贵宾介绍班级的情况,向参加家长会的家长们介绍班级本学期的学习情况等。有许多教师参加过"普通话考试",一定明白熟练地掌握标准"普通话"的技巧需要什么样的活动。参加过"公开课"比赛的教师,也一定明白什么样的活动最能提高"上课"的"技巧"。

只有"实战",才能激发技巧上精益求精的欲望,才能"发现"那些看起来细小而实际上影响效果的因素,才能感受到圆熟的技巧所带来的成功喜悦,才会痛感技巧的疏忽所造成的不愉快结果。

有许多缺乏课程意识的教师往往一味采用"模仿"的办法,比如节目主持人,比如诵读。我曾经听过两堂小学语文

> 【要点提炼】口语交际的技巧必须在"实战"中训练。一味靠"模仿"来训练学生的口语技巧,其效果非常有限。

课,四年级一节,五年级一节。四年级教师让学生"读出感情来",五年级教师也是让学生"读出感情来",而所谓的"读出感情来",除了不断地提出"读出感情来"的诉求之外,便是模仿老师的"表演"。五年级提出四年级同样的诉求,证明四年级教学的无效,五年级教师还用四年级的一套,证明许多语文教师不知道"读出感情来"应该教什么。读出感情来,如果按我们语文教学通行的样子来理解的话,那是需要设计的,比如语调的把握、语速的控制、音色的变化、轻重音的体现、停顿和延续等等,不从这些技巧入手而只一味地诉求和模仿,学生可能永远也学不会"读出感情来"。

上面的例子告诉我们,在"实战"的活动中,教师是要指导的,语文教学是要"教"的。下面的材料对我们怎么把握"实战"中的指导是有启发的。

阿德勒曾经在广播中听过丘吉尔的一次演讲。"他的演说真令我佩服。那是一场结构优美的演说,词句雄健有力,所有的迟疑和停顿都在告诉我们这是一场即席演说,因为话中的停顿听起来就像是他正在思考下一句该用什么正确的字眼。不过后来我才知道,事实上这篇演讲稿早就写好了,他只是演讲时运用了一些技巧,让人家听起来像是在做即席演讲。"那么我们如何做才能产生这种效果呢?阿德勒说,我将告诉大家一个"秘诀",于是提了两点建议:第一,演讲前先把演讲稿写下来;第二,演讲稿的写作样式要处于简明纲要和完整文章之间。即有些重要的话,比如开头、过渡、主要观点、结尾以及其他自己认为重要的话,写成完整的段落,像写文章那样;有些内容,比如支撑性的材料,写成一个提纲,列出要点,详略依自己对内容的了解情况而定。这样,阿德勒说:"虽然我的建议并不会使你变成丘吉尔(因为他是一个例外的天才),不过倒可以帮助你在演说时,达到丘吉尔演说般的效果。"

资源链接

1. 李明洁. 口语交际新视点[M]. 上海:华东师范大学出版社,2007.

2. 王志凯,王荣生. 口语交际教例剖析与教案研制[M]. 南宁:广西教育出版社,2004.

3. 王荣生. 语文科课程论基础[M]. 上海:上海教育出版社,2003.

4. (英)斯科特·索恩伯里著,邹为诚译. 如何教口语[M]. 北京:人民邮电出版社,2011.

5. (美)安德鲁·D·沃尔文,卡罗琳·格温·科克利著,吴红雨译. 倾听的艺术

[M]. 上海:复旦大学出版社,2010.

后续学习活动

以下是《现代德语(第7册)》中设计的三个"说写综合训练"的游戏,阅读并回答问题。

（一）人物描述游戏

全班准备四只鞋盒大小的纸盒,分别写上名字、职业、形容词和动词等字样(图略)。每人准备四张小纸片,在纸片上分别写上你所想象的一个名字、职业、形容词和动词。将所有的纸片集中起来,把写有名字的纸片放入名字盒,把写有职业的纸片放入职业盒,形容词纸片放入形容词盒,动词纸片放入动词盒。你的任务是:从四个纸盒中分别任意抽出一张纸片,根据这四个数据构想出一个人物并且发挥想象描写这个人物。

（二）触摸游戏

这是小组练习:组成3—5人的小组,每组将自己的学习用具(如笔、尺等)放入一只书包或体操包。注意保密,别让其他人看见你们放入的东西。同样,你们也不准看其他同学准备的包。你们的任务:一个人蒙着眼用手到其他组包里摸一物件,然后向本组成员描述该物件。

（三）摄影游戏

选两个同学,其中一人扮演"镜头",另一人为拍摄"快门"。具体做法:"镜头"关闭(即闭上双眼),"快门"说"开始",即"打开"一秒钟,"镜头"立即睁眼,在这一秒钟时间内,扫描一物体或自己,然后描述所见到的东西。练习做完后,变换角色。每个人描述他在短暂时间内所见到的物体。

问题:

一、上面三个"说写综合训练"游戏各有什么特点?

二、请选取其中两个游戏在你的班上做一下,记录学生的反应。

语文综合性学习研究

语文综合性学习的意蕴分析与活动设计

专家简介

李海林，基本情况见前文专题相关内容。

热身活动

阅读本专题之前，请先思考下面几个问题：

1. 关于语文综合性学习的教学目标，你同意下面哪种说法？

   A. 语文综合性学习首先要保证听说读写各方面能力得到综合的提高

   B. 语文综合性学习首先要保证学科之间知识的融合

   C. 语文综合性学习首先要保证引入学科之外的知识

2. 在实施语文综合性学习时，你遇到的最大问题是

   A. 教学时间不够

   B. 不知如何设计教学

   C. 书籍、设备等教学资源不足

   D. 领导不支持

> **学习目标**

通过本专题的学习,你能够:
1. 举例说明活动和语文的三种关系。
2. 设计一个任务真实的语文综合性学习活动。

> **讲座正文**

一、语文综合性学习是课程标准提出的一种特殊的语文学习领域

语文综合性学习比较特殊,它跟写作教学、阅读教学和口语交际教学在性质上是不一样的。写作教学、阅读教学和口语交际教学是从言语行为方式这个角度切入进去的,它们属于语文的学科形态,就像物理学科里的电学、热学、力学一样,看得见、摸得着,是显性的。而语文综合性学习则是从语文的学习方式入手的,它不属于学科形态,而属于教学形态。与其他四个学习领域相比,它提出的纬度、层面、角度、性质、呈现方式以及内涵全都是不一样的。这自然引发了我的反思:单独设立语文综合性学习领域必要吗?如果有必要,你就要说清楚它到底是什么东西,它是怎么提出来的,它的理论源头是什么?注意,是理论来源,不是实践来源,实践来源就是课标。这是需要我们考虑的一个最基本的理论问题。

【观察者点评】什么是"学科形态"?什么是"教学形态"?

> **【要点评议】**
>
> 　　语文课程的内容可以分为三部分:第一部分是读、写、听、说的单项训练,指的是静态的语文知识练习,其目的是为言语的运用提供基本的材料;第二部分是由读、写、听、说四个领域整合而成的言语实践活动,主要是真实情境中的语言应用,其目的是引导学生在经验中历练言语技能;第三部分是语言赖以发生的根基——文化,其目的在于为言语的运用提供环境和脉络。
>
> 　　在这三个部分中,基于真实的交际情境的言语实践活动是轴心部分。单项训练(如背诵和记忆)可以积累言语实践所必需的语言材料,明确语言的规

则,当然也是必不可少的。但是,其最终目的绝不是要让所有学生都成为语言学家,更不是让学生去死记硬背一些语法规则,而是引导学生在读写听说的反复实践也就是言语实践中理解内化这些规则,具备运用语言的能力。学习文化的目的也不是让学生都成为文化学者,而是从中发现作者是如何运用语言承载了文化,传递了文化,从而使学生更好地融入文化中,更好地运用语言。

由此可见,语文综合性学习作为语文学科的主轴,它与读写听说的关系是统领融合的关系,而不是并列对立的关系。但是,因为语文课程标准把语文综合性学习的目标与读写听说并列在一起呈现,致使很多人想当然地认为语文综合性学习就是和读、写、听、说并列的一个领域,是置身于读写听说教学之外的、与之互不相干的活动。因而,教学中就刻意把语文综合性学习和读写听说分而治之,这对于语文综合性学习的落实以及整个语文教学都是极为有害的,因为把语文综合性学习独立于读写听说之外,无异于把鱼从水中"捞"了出来。为此,郑国民教授不止一次地强调:"综合性学习的理念不但要自始至终贯穿于语文学习的过程中,而且要渗透于语文学习的全部。"

二、语文综合性学习应有自己明确的目标和边界

第二个理论问题是综合性学习的目标指向和边界在哪里?毫无疑问,语文综合性学习的关键词在"综合"这两个字上,所谓的"综合"包含了三个层面:一是语文内部的综合,是听说读写的综合;二是学科与学科之间的综合;三是我们语文学科与生活的综合。尽管这三个层面的综合都很重要,但**归根到底,语文综合性学习**是语文的一种学习方式,是综合的学习语文,而不是学习其他学科,**其目标指向和边界都应该是语文。**

如果大家认可这一点的话,那么我们来看一看下面这个案例有没有问题。这是在杂志上发表的一个案例。案例的标题叫"穿行在音乐的天空"。它分为两大部分,第一部分是走进民族音乐,第二部分是走进外国音乐。在走进民族音乐部分,教师先让学生说说接触过的民乐曲目,接着让学生根据音乐的风格猜猜它产生的地域,然后再说说自己所知道的

【观察者点评】你对"综合"一词是怎样认识的?

【观察者点评】你看到过类似的语文综合性学习吗?你是怎样评价它的?

民族乐器以及用它们演奏的优秀曲目。之后是听乐曲猜乐器、讲典故,比方说"梁山伯与祝英台"之类的。在走进外国音乐部分,教师先让学生说说自己了解的外国音乐,然后推荐欣赏了一些经典曲目,最后是交流欣赏的体会。

老师们,我们从目标指向和边界这个维度来思考一下这个案例,你们有什么感觉?假设我是你的学生,上了这堂课之后,我闭上眼睛想想:自己学到了什么? 音乐。这就是说你的目标是指向音乐的,你的边界是在语文之外的另外一个领域了,这肯定是有问题的。当然,我们的语文课偶尔出一些轨没关系,问题是你要知道你"出轨"了,并适时回到自己的轨道上。现在的问题是他不知道,还以为语文教学原本就应该是这样。如果大家分析说"你出轨了",他会理直气壮地反驳说:"生活有多广语文就有多广!"这算什么理论! 有一次,有个研究生也以这种方式回答我,我说:"那好,你不是研究生吗? 那你去研究泥巴去吧。"他说:"我研究泥巴干什么?"我说:"泥巴不是和语文有关系吗?"他惊讶地说:"它们有什么关系?"我说:"你瞎说,没有泥巴你哪里来的稻谷,没有稻谷你怎么吃饭,不吃饭你怎么研究语文?"他说:"啊! 这种逻辑啊!"我说:"你就是这种逻辑。"——这个孩子,不这样打击他不行。语文是有门槛的、是有边界的,否则我们将没有办法做语文研究,更没有办法做语文课。下面我们再来看一个案例,看它的目标指向和边界有没有问题。

【要点提炼】
组织语文综合性学习关键是要处理好语文学科和其他学科的关系。

有一个学校做了一个中东问题研究。请老师们注意啊,研究中东问题你要研究地理吧,中东啊;你要研究历史吧,中东问题先是什么样子的,后是什么样子的;还要研究政治吧,它是怎么构成了那么复杂的地缘政治的?

那么,研究地理时,估计你不大可能跑到中东实地考察,怎么办?去阅读吧,阅读完了以后要梳理出几条的。研究历史和政治,同样也要靠阅读,读完了还要跟别人口头交流。你看,有语文了吧? 这样一来,地理、历史、政治就为语文学科提供一个知识背景,虽然我们所做的内容是有关历史、地理和政治的,但做完这个活动以后留给学生的是什么呢? 是阅读经验、写作经验和口语交际经验。聪明的老师会在这个综合性学习的后半段,暂时撇开或者搁置地理的、历史的、政治的知识,而将焦点放在阅读、写作和口语交际方面。不那么聪明的老师,暂时不搁置也没有问题,因为在对中东问题做历史的、地理的、政治的研究过程中,已经有了阅读的、写作的、口语交际的体验和经验。好,这是一个学科间综合的案例。下面说一个2002年我在老家做的一个案例。

大家还知道那个张君吧？很多人都知道这个家伙厉害,怎么厉害？杀人厉害。这个人还有一个厉害——聪明,是吧？当时他在湖南常德地区杀了七个人,一分钱也没抢走。其实,这个人在全国已经抢了好多次了,这次震惊了全国！当时我在我们市一中上一个班的语文课。这个案件刚刚发生,我就抓住机会让学生写一篇作文,叫作张君大案综述。

学生对这个话题很感兴趣！你想呀,全国人都在关注这个人抓到没有,这个人没抓到可能会到我们这里来啊,谁不紧张！而且,我规定综述的字数必须是 850 字到 880 字,不能少不能多。为什么这么规定呢？我害怕学生去粘贴。他们想恰好找到这么多字数的文章很难,这样一来,就必须去阅读和写作。

> 从综述字数的规定可以发现李海林教授设计教学活动时是多么用心！

过了两个星期,我又让同学们写张君大案进展。我先在作文课上讲了讲进展报告是什么玩意儿、该怎么写,这个很简单的。然后同学们就开始写了,有图有文。谁说作文教学学生不喜欢？他们个个说得是眉飞色舞,文章一个比一个写得好。

然后又过了两个星期,案子还没破出来,警察不行啊,怎么办？我们写"为警察支招",后来还在我们当地的晚报上发了三篇。孩子们想得比那些警察还厉害,想了很多招数。后来这个案子破了,我不知道是不是跟他们的文章有关系。

两个星期过去了,张君终于被抓到了。那么怎么办？写评论。我把评论的格式扼要地说了说,学生们写得非常好。后来要起诉他了,我请同学们写起诉书。

又两个星期过去了,我开始让同学们写文学剧本——《公安部的日日夜夜》,他们想得像真的似的。然后让同学们写常德警方日志、写电视剧片段,整个一学期作文全部是这个玩意儿。一个学期过去了,我把所有的作品集成一个册子,把它们全部装订好、印刷好。可惜搬家的时候不知道弄到哪儿去了,否则现在是一个非常好的案例。

> 在讲座之后的互动环节,有老师向李海林教授提出这样的问题:"你的语文综合性学习做得非常好,但是我不知道在你的教学安排中,它们能占多少学时?"你是否也有这样的疑问,你是如何理解或处理语文综合性学习的耗时问题的?

老师们看看,我是与生活综合了,是吧？但是大家想想,如果你是学生,我让你做完这个综合性学习活动以后,你到底是在关注生活还是在关注语文呢？学生心里沉淀下来的主要是生活还是语文呢？我真的是让同学们去破案吗？不是的。甚至我主要也不是让他去关注社会的,我的**目的是从生活中间找到一个具有真实性的任务**。为了完成这个任务,同学们学到了语文,学到了阅读、写作、口语交际。**学生为了完成这个任务而学语文**,和为学语文而学语文的那个感觉、那个氛围、那个路径、那个方式是不一样的。

这个暑假上海请来了布莱尔的教育顾问给我们进行培训。我们大概二十来个人,比这个教室要大一点,围成一个圈。开始我们很不习惯,他基本上不跟我们讲什么,让我们模拟一个情景,之后布置了一个任务。然后,你们就回去吧,该采访采访,该准备准备。反正明天你们五个小组同时展示——好家伙!这个我们要一个月才做得出来,你明天要我们展示,那只能连夜加班干了。这样一个月下来,我们每个人都做了一次展示,我们五个小组天天展示,最后他走的时候,我们学到了很多东西。我发现这个任务式教学确实效果不错,但是你看他那个任务是真任务,不是假任务。但**他的真正目的**不在于让我们完成那个任务,而**是要转换我们的思维方式**,这就是所谓教育理念嘛,事实证明,他的目的达到了。

同样的,我们语文综合性学习,为了完成这样一个任务,比如为张君案写综述、支招、评论、写起诉书、写文学剧本、写日志、写电视剧都是任务。在完成这些任务的同时,学生们学到了阅读、写作和口语交际。可见,**为学语文而学语文和为完成任务而学语文是两种截然不同的语文学习方式**,后者显然更有吸引力,更有效,更符合语文的本质,虽然为学语文而学语文也是必要的。

当然,这并不是说为学语文而学语文没有存在的必要。事实上,我们要学习知识,首先要分门别类,所以我们就需要把语文分成写作、阅读和口语交际来学。如果自始至终都用综合的方式,必定死翘翘。但是,如果我们从头到尾都是分开的,从来都没有进行综合性的学习,肯定也不行。比如学习游泳,怎么划水、怎么摆腿都可以分开来学,但是非常重要的一个环节是不可省的,就是要把你扔到水里面,让你自己搞去,以此练习协调能力,对吧?语文也是这样。我想,这大概就是在我们语文课程里面设置综合性学习的目的之所在。事实上,**在真实的生活情境中,单独的阅读、写作和口语交际都是不存在的**,在阅读之前一定曾经写作过、口语交际过;在口语交际之前一定曾经阅读过。

刚才我已经说过了,这个任务必须是真实的,但是这种真实的任务很难得到。李镇西大家认识吧?他也是我很好的朋友。他有一个学生,喜欢体育。大家知道,喜欢体育的孩子一般语文比较差,他们尤其头疼的是写作。有一天,那孩子跑到他那儿:

"李老师(他是班主任),我们要求成立我们班上的足球队。"李镇西说:"好的,但是班上成立足球队不是一件小事情啊,拟个报告我要批的,说说为什么要成立足球队。"好了,这孩子开始弄。弄好拿来一看,题目都没有,李镇西说:"对不起对不起,加个题目,关于申请成立什么什么的报告。"学生改后又拿来,李老师看后说:"这个字我不认识啊,退回去退回去。"到了第三稿,李老师说:"三条理由少了,至少得有八条。"看过第四稿后,李老师说:"这八条理由中明明第一条跟第五条是一个理由嘛,合并,同类合并。"这样下来,学生反反复复搞了好几遍,最后递上来的终于像模像样了,有头有尾,中规中矩。

可问题是,像这样真实性的写作设计,包括我那个张君的案例,都是可遇而不可求的。或许现在的钓鱼岛事件可以拿来用作我们中学语文学习的题材搞个七八期,但你也不能老用这种时事新闻来做。怎么办呢?外国人设计得好,用逼真模拟的方式。

> 《在荒岛上》的完整课例设计请参阅本书"国外母语综合性学习设计"部分。

大家请看《在荒岛上》这个案例,整个教学都是综合的语文学习,但都是在教室里完成的。怎么完成呢?它首先提供六幅关于岛屿的图画,不提供岛屿我提供图画总可以吧。然后提出如下的要求:

1. 仔细地研究所有的信息。
2. 为每个岛屿列表写出它们的有利条件和不利因素。
3. 根据岛屿和你们自己的条件来选择居住的地方。
4. 用一段简短的文字说明你们小组选择该岛的理由。
5. 利用所提供的信息,画图表示岛屿的特点;并说明你们自己的情况。

上面的这几个任务,表面上是在选择岛屿,其实是在训练阅读能力和说明能力。正所谓"醉翁之意不在酒,在乎山水之间也",这正是活动教学法的奥妙所在——要把某个知识教给学生,你不要抱着这个知识对孩子们说:"这东西好啊,要不要?"不要这样,这样孩子们会反感。外国人搞这么一些图画和文字,说明你在岛上可能会遇到哪些问题,然后这些问题怎么解决呢,你们讨论讨论。讨论完了干什么?口语交际,说一说怎么解决,孩子们思考问题的条理性、有效性、针对性全都训练了。这种方式我称之为逼真模拟。"内行看门道,外行看热闹",外行不知道这是在干什么,学习如何生存吗?学习如何冒险吗?不是的,这些都只不过是一个假任务,真正的任务是言语学习,语文综合性学习的奥妙全在这个地方。

【要点评议】

任务(task)作为一个术语出现在教育领域的时间较晚,该术语引起教育界的关注源于20世纪80年代兴起的"任务型语言学习"(task-based language learning,简称"TBLL")。该方法强调在真实的交际情境中开展语言教学,强调"用语言做事"或者说"做中学"。欧洲理事会在其发布的《欧洲语言学习、教学、评价共同参考框架》中对"任务"作了如下的界定:

任务是指个体在特定的情境中,为解决问题、履行职责或实现特定结果而实施的一系列活动,如移动衣橱、写书、在合同谈判中获得某种条件、打牌、餐馆点菜、翻译外语文章或通过小组合作准备班级报纸等。

由此可以看出,"任务"应具备以下几个特征:

一是明确的目的性,即"想做"("为什么活动")。例如,某班学生面临毕业,教师建议大家每人写一篇文章,出一本班级故事集作为纪念,于是,写作、编辑、出版等一系列活动就有了明确的目的。

二是特定的情境性,即"能做"("活动在什么条件下展开")。例如,要完成"出书"的任务,学生就需要考虑时间、经费、合作等诸多条件。

三是实施的策略,即"会做"("活动的方法")。以"出书"的任务为例,就涉及写些什么事情,如何开头、如何展开、如何结尾、是否需要插入图片等一系列的程序和技术。

四是后续的反思,即"做得如何"("活动的效果")。还拿出书的任务为例,"书"在班内"出版"了,效果如何,大家有什么提高?这都是需要反思的问题。

三、活动与语文的关系

在语文综合性学习领域里,活动与语文的关系可以概括为以下几种:

(一)活动本身就是语文学习的内容

比如我们设计过一个"我为爸爸妈妈写小传"的活动,觉得蛮有意思。首先让学生去收集资料,收集爸爸妈妈年轻的时候,乃至恋爱时的照片、视频、情书,存起来做研究。

然后去采访,采访自己的爷爷奶奶,问爸爸小时候是什么样的;还要采访爸爸妈妈的朋友同事,问他们现在的情况。这样一来,一家人都围绕这件事动起来了,非常有兴趣。采访完了以后就开始写。写完了以后就逐字逐句念给爸爸妈妈听,全家人电视也不看了,爸爸妈妈笑得是前仰后翻。之后爸爸妈妈提出一些修改建议。修改定稿之后,按照老师提供的格式打印成册,什么格式呢?就是一本本的正式出版物,印张、版权页、前言、致谢等什么都有,印数3本,定价50元。装订成册干什么?存入他们的家庭档案,非常神圣的,爸爸妈妈高兴得不得了,存在册子里面,我跟他们约好,二十年后再来看,那多有纪念性。这样做的结果是:第一,老师没事干很轻松;第二,有效得多,对不对?所以语文综合性学习是有魅力的。

(二)活动不是语文方面的知识,但蕴涵了语文方面的内容

比如前面我举的中东问题研究就是这样,上海的语文教材里有一个活动设计得比较好,叫"绘制名人地图"。既然是绘制名人地图,它就一定会有写作、阅读甚至口语交际的内容在里面。搞完这个活动之后,学生学到了关于语文方面的知识,因为几乎所有的名人都是以语文的形式存在的,不管是哪一方面的名人,你都能通过文字的媒介找到他。学生找名人、绘制名人的地图分布,全部在搞语文,这是活动和语文的第二种关系。

(三)活动是为语文学习搭台阶的

这类活动只是语文学习的一个必要环节,我们换一个活动也可以的。我曾设计过一个活动,它由这么四部分构成,也是搞音乐。

第一,找一首你喜欢的乐曲,不说这首乐曲的题目或者内容,如果是歌曲的话,也不说歌词,你只能对音乐本身进行描述,目的是借助你的描述让别人猜出乐曲的名字。这可是严峻的考验,乐曲一放出来大家都知道,但是用语言描述出来却很难,我就是要让学生们知道,语言有的时候也是无力的。

第二,让学生对一种乐器的声音进行描述,然后请同学猜一猜这种乐器的名字,这个倒是一下就猜中了,看来这个比较容易。

第三,让全班同学一起聆听阿炳的《二泉映月》,或者贝多芬的《田园交响曲》,然后以《我听二泉映月》或者《田园交响曲随想》为题写一篇800字左右的文章,文章写好以后读

> 在这个活动设计中,听说读写的训练都有了。

一遍,然后再听一遍乐曲,边听边改。

第四,搞音乐讲座。谁讲呢?同学们讲。推举全班写得最好的同学,分成几个小组收集有关资料,综合考虑以后,然后为别人讲音乐欣赏、口语交际、阅读、写作,全放在里面了。照我看来,这个活动全部是为学习语文搭台阶的,本来语文很难学,搭了这个台阶就容易学了。

下面是我设计的另外一些活动,我自己曾经做过,发现有一点点的难度,但是在高年级做时,不少同学做得很好。

活动一:假如我是一个宇航员,飞船降落在了一个遥远的星球上,我见到了一群外星人。这个时候你要用一段话说说你是谁。

活动二:你已经通过了大学的入学考试,现在正参加面试。一个面试官问了你以下三个问题,你选择一个回答。第一,"三岁看大,七岁看老",告诉我三岁到七岁的时候你是怎么样一个人?第二,二十年以后你给自己写自传,请你将这个自传的445页到450页的内容,概要说给我听;第三,如果我最后告诉你"你被淘汰了",现在只允许你说一句话,你会说什么?

四、语文综合性学习的教学组织方式

(一)以真实的或逼真模拟的言语实践活动为主导框架

这个主导框架就是"真实"两个字,我把它概括为真实的言语任务、真实的言语对象、真实的言语环境和真实的言语成果。例如有的老师准备研究写作教学,我觉得其核心就应该是真实的写作。

请注意,这里所说的"真实的写作"不是指的写真情实感。写真情实感强调的是内容要真,其实我们写作时内容可能是假的,有时候不写假的还打动不了人,因为文章是要修饰的。这里所谓的"真实的写作"指的是写作的行为和过程是真实的。例如前面说的李镇西的学生要求成立一个足球队,他就让学生写个报告,这就是一次真实的写作。你看,学生要向我这个班主任打一个报告,言语任务和对象都是真的吧;我一看报告写得不错,同意了,成果也是真实的吧。

2004年的时候,我曾经在一个会上举过一个例子。有一次我和大学同学吃饭,他跟我说:"你不是研究语文教学的嘛,我问你一个问题。我们班上有一个孩子,他的写作是最差的,而且他也非常不愿意写作。可最近我截获他写给同班同学的一封情书,

> 【观察者点评】你能理解李教授所说的"真实"的含义吗?

我一看,吓了一跳!好家伙,那个情真意切啊,那个打动人心啊!估计要是不被我截获,他肯定是成功了。"

然后他问:"怎么会写得那么好呢?"其实理由很简单。他有真实的写作任务,那个任务是什么?求爱。他有真实的言语对象,他可不是写给语文老师看的呀。如果老师说:"同学们,现在我教你们怎么写情书,最后写了是给我语文老师看的。"你看他写得好吗?

我不知道写文章时你们有什么感觉,我不是经常也写文章嘛。写第一句时,我马上就想:"我这个文章写给谁看的?有可能写给专家看的、有可能写给老师看的。如果是写给老师看的,那么老师们会有什么疑问或者反应呢?哦,他们有这种反应,没关系,下面第二句来了。依此类推,第三句、第四句都来了。"为什么有的人一夜之间就写了一万字?因为他的读者意识特别强,它有真实的对象,还有真实的言语环境。现在有种理论,说什么学生的作文写得不好是因为他没有生活,他没有生活他有"死活"啊!学生是有生活的,不过是没有办法把写作的主题和他的生活沟通起来而已。那么,什么情况下才能把它沟通起来呢?环境,要将他所处的环境和他写的东西放在一块儿。那个学生的情书为什么写得那么好?就是他把生活中的点点滴滴、一草一木都和求爱这个主题联系起来了。写情书时,学生会想,要是求爱不成功,今后她看到我写的这些话会怎么想,所以这个地方要委婉;她万一把情书交给老师怎么办?所以这句话我也不能写;她要是交给她妈妈呢?所以那句话不能写。这样一来,文章自然就写得委婉曲折、摄人心魄了。

所以,真实的写作也好,真实的言语活动也好,都要具备任务、对象、环境、成果这几个要素,我认为这是关键。如何在语文综合性学习的主导框架中体现这些要素是我们目前遇到的一个大的难题,现在没人研究,凭那点肤浅的感觉去做,几乎没有成功的。

(二)以完成言语任务、创作言语成果为教学的线索

请大家注意,语文综合性学习是做一件事,既然是做一件事,你就必须按照做事的基本线索来做,我们做一件事的基本线索是什么呢?

我随便列一列,不一定完整和准确:你接受这个任务、理解这个任务;然后把这个任务分解成各个部分;然后奔那个成果而去;成果出来以后要怎么呈现、怎么评价。这套程序你必须得走完。如果没有走完,你这个语文综合性学习活动就做不精彩,也不可能达到目的。

【要点提炼】
实施语文综合性学习的"三步曲":明确任务、完成任务、成果交流。

那你看看,语文综合性学习大致上是这么三步:第一是言语的任务,第二是言语任务的完成,第三是成果的交流。课堂教学是在言语任务和成果交流这两端进行的,任务的完成过程处于两者之间,它也可以在课堂中呈现,但肯定不是主体。

最后我以三句话结束演讲。

第一,设置语文综合性学习课堂领域的必要性尚需要严格的学理证明和实践证明,我觉得还需要继续研究。

第二,写字、阅读、写作、口语交际领域都是教学化的设计,是为了教学的需要而人为分开的,真正的生活中的语文都是综合性的,既有听说读写的综合,有学科和学科之间的综合,也有语文和生活的综合。而语文综合性学习主要是让语文返回真实的世界。20世纪90年代不是有很多人骂我们语文教学和生活隔离嘛?估计专家们就是想通过设置这样一个综合性学习的领域构建一个法定的通道,让语文返回生活。现在的问题是,这个理念是正确的,但这种方式的选择是独一无二的、必须的吗?不知道,要研究。

第三,只要将真实的生活引入教学,这个教学单元就有了综合性学习的要素和本质,我的意思是说,哪怕我只教阅读,但我把生活引入进去,我这个阅读教学就自然有了综合性学习的要素和本质,那我需不需要单独列出一个综合性学习的模块和领域来呢?是不是非常必要,非这样不可呢?不知道,留给大家去研究吧。

【要点评议】

从我国语文学科发展的历史来看,它经历了由合到分、再由分到合的过程。我国古代的语文教育不但综合了读写听说的语文要素,而且综合了其他学科的内容,如历史、地理、思想品德、物理等,其教学在很大程度上是混沌的、没有部分概念的。而语文独立设科以后,它不但和其他学科区分开来,自身学习领域的划分也日益明确。1904年公布的《奏定高等小学堂章程》把"中国文学"一科分为"读古文、作短篇记事文、说理文、习行书、习官话"等学习领域;1923年的《新学制课程标准纲要·小学国语课程纲要》更为明确地分为两类:语言和文字,其中"语言"相当于现在的听说,"文字"包括读文、作文和写字,也就是现在的读和写。此后,语文教学走上了听说读写分领域教学的道路。现在,语文学科重新强调综合性学习,无疑是走过了一个否定之否定的过程,其中,既有对语文听说读写教学各自为政、不相沟通的否定,也有对语文学科和其他学科不相关联的否定。

资源链接

1. 桂诗春.应用语言学[M].长沙:湖南教育出版社,1988.
2. 洪宗礼,柳士镇,倪文锦.母语教材研究(5)[M].南京:江苏教育出版社,2007.
3. 靳彤.语文综合性学习:理论与实践[M].北京:中国社会科学出版社,2007.
4. 李海林.活动量、活动对象和活动成果的语文性[J].语文教学通讯·初中刊,2006(9).
5. (日)佐藤学著,李季湄译.静悄悄的革命:创造活动、合作、反思的综合学习课程[M].长春:长春出版社,2003.

后续学习活动

对照本专题提供的语文综合性学习的设计思路,分析人教版八年级上册第一单元综合性学习活动"人类何时铸剑为犁"的设计,指出其优缺点并提出实施建议。

语文综合性学习：意义、策略和案例

专家简介

申宣成，博士，河南省基础教育教学研究室教研员，中学高级教师，中国教育学会中学语文教学专业委员会理事。博士论文为《表现性评价在语文综合性学习中的应用》。

热身活动

阅读本专题之前，请先回答下面几个问题：

1. 调查表明，大部分语文教师认为开展语文综合性学习有利于提升学生的语文素养，但在实际的教学中，却很少有人关注并实施语文综合性学习，在你看来，造成这一现象的最主要的原因是_____
_____。

2. 你在开展语文综合性学习时，曾使用过的活动方式有哪些？（可多选）
   A. 办刊　B. 演出　C. 专题讨论　D. 辩论　E. 编演课本剧　F. 专题研究　G. 调查访问　H. 其他

3. 在语文综合性学习实施之前，你是如何准备的？
   A. 会像对待课文一样认真备课　B. 会认真考虑一下活动方案，但是不形成文字教案　C. 大概看一下，照着课本设计的程序就可以了　D. 不去研究，上课时照本宣科

学习目标

通过本专题的学习，你能够：

1. 根据报告中提供的主题统整的设计思路，确定自己下学期/学年/学段的语文综合性学习的主题。

2. 根据语文综合性学习的设计要领设计一个语文综合性学习活动。

讲座正文

大家好！今天我想围绕语文综合性学习和大家分享四点想法：一是语文综合性学习的意义；二是语文综合性学习的困境；三是语文综合性学习的策略；四是语文综合性学习的实施案例。

一、语文综合性学习的意义

有专家说，设置语文综合性学习领域是新世纪语文课程改革最大的亮点，我想这个判断是很有道理的。理由至少有两个。

第一，它是一个全新的概念。哲学家维特根斯坦曾说过，一个新词就像是一粒新鲜的种子，播在讨论的土壤里，必然会激起大家讨论的兴趣。语文综合性学习这粒"种子"就产生了这样的效果。针对语文综合性学习的内涵，学界曾有过激烈的讨论，也给出了众多的定义。我认为，在这些定义中，郑国民教授给出的定义较为全面，他说："语文综合性学习是一种立足于语文课程基础之上，通过学生自主地开展语文实践活动以促进其语言素养的整体推进和协调发展的学习方式。"这个定义告诉我们，语文综合性学习从本质上来说是一种"学习方式"，从目的上来说是提升"语文素养"，从手段上来说是借助"实践活动"；从学科归属上来说属于"语文课程"。2011年12月，教育部颁布的《义务教育语文课程标准(2011年版)》对语文学科的性质作出了新的界定："语文课程是一门学习语言文字运用的综合性、实践性课程。"这一界定突出了"实践、运用、综合"三个关键词，而这些也正是语文综合性学习要着力完成的任务，由此可见语文综合性学习在语文教学中的重要作用。以下我试着从语言学、教育学和心理学的视角具体阐述一下语文综合性学习的意义。

【反思】

语文学科的核心特征是语言的应用，张志公先生将这一思想通俗地表达为"语文教育致用化"：形成"为用"的教育目的，"管用"的教学内容，"会用"的教学方法，"能用"、"够用"的教学效果。

你对张志公先生的这一论断是如何认识的，请将你的看法提炼成关键词写在下面：

_____；_____；_____；_____

（一）语言学的理解："习得"

我们先从语言学的角度分析一下语文综合性学习的意义。语言学家认为，学习语言有两种方式：一种叫"习得"；另一种叫"学得"。研究发现，汉语的句型大约有 260 个，六岁以前的儿童已经掌握了将近 200 个；汉字常用字 3500 个，其中的 1000 多个他们都已经会用了。那么，他们是通过什么途径掌握了这些词语和句型呢？是在和妈妈、同伴交流的过程中不知不觉学会的，这就叫"习得"。第二个叫"学得"，主要是坐在教室里跟老师学。对于语言学习者来说，学得和习得就像一只鸟的两只翅膀，缺一不可。我们的老祖宗就十分明白这个道理。公元 100 年，我国文化史上发生了一件大事，就是诞生了一部《说文解字》，这是我国历史上第一部字典。写这部书的人叫许慎，他是河南郾城人。这本书中有这么两个字，我们现在研究一下。谁能认出这两个字，并从词形学的角度向大家解释解释？（与听众互动）

【观察者点评】你了解《说文解字》吗？你在教学中运用过其中的知识吗？

第一个是"习"字。许慎对它的解释是："习，数飞也，从羽从白。"意思是说小鸟只有经过多次的尝试才能学会飞翔。记得我小的时候，很喜欢站在大树下看那小鸟学飞的样子：它们先是从巢里探出头来，一边喳喳地叫着，一边看外面的世界；过了一段时间，它们开始爬出巢来，站在树枝上扑打翅膀；没几天，它们开始从一个树枝飞到另一个树枝上；又过了几天，就敢从这棵树上飞到邻近的树上了；慢慢地，它们越飞越远，最后终于能自由地在天空飞翔了。注意，在这个过程中，鸟妈妈似乎从来没有告诉它们该怎么飞，更没有聘用"家庭老师"来辅导，它们就是这样不断地实践、不断地扑打翅膀、不断地试飞，终于就学会了。可见我们古人造字时，已经注意到了实践在技能训练中的作用。

再看这个"得"字,它的左边是"彳"字旁,这个字的原意是人的大腿和小腿连在一起的形状,意思就是走路。右边包括上下两个部分,上面是一个贝,宝贝的贝,下面是一个手。三个部分放在一起就是"一个人走到河边去捡贝壳"。我们知道,在古代,贝壳曾被作为货币来使用,是很珍贵的东西。而要得到这些东西,一定要靠自己的实践。后来这个"得"字分化为道德的"德",我们的老祖宗似乎是在强调,好东西要靠自己的实践去取得,否则就是不劳而获,是不道德的。因此,习得这两个字组合在一起,就代表了一种重要的学习方式——做中学。

【反思】

许多语文教师上课时善于抓住汉字音义结合的特点,引导学生察其形而断其意,生动形象地展开语文教学。此处对"习得"的解释就具有这样的特点,您在教学中,也做过这样的尝试吗?举一个例子。

中国的语言学家是这样认识的,外国的也是如此。美国有一个语言学家叫古德曼,他提出了一种"全语言理论",成了一个重要的流派,因此他也被称为"全语言之父"。他写过一本书,书名叫《全语言的全,全在哪里》。该书列举了一个"语言特质与学习难易度对照表",内容如下:

语言特质与学习难易度对照表

使学习变得容易的语文特质	使学习变得不容易的语文特质
是真正的、自然的	是人工的、不实际的
是完整的	是零碎而片段的
是有意义的、可以理解的	是无意义的、无法理解的
是有趣的	是呆板且无趣的
是与学习者相关的	是与学习者无关的
是属于学习者个人的经验	是属于他人的经验

续表

使学习变得容易的语文特质	使学习变得不容易的语文特质
是日常生活的一部分	与实际生活不相干
具有社会功能	不具任何社会功能
对学习者而言是有目的的	对学习者而言没有明显的目的
学习者自己想学的	学习者被强迫而学
学习资源是唾手可得的	学习资源是难以取得的
学习者具有使用的自主权	学习者完全没有自主权

　　从上面的表格可以看出，生活性、趣味性、应用性是提高语言学习效率的关键。我曾经到一个学校听课，课间休息和学生聊天，听说该校让三年级的孩子背老子的《道德经》，五千多字背下来，孩子们觉得很痛苦。为什么呢？因为孩子们既不明白那些文句的意思，也体会不到背这些东西对自己有什么作用。机械记忆，痛苦不堪。这里还有一个相反的例子。我岳母今年快70岁了，她几乎没有上过学，但是现在老太太疯狂地迷上了学习。大冬天5点多钟就起床了，洗漱完毕，戴上老花镜，就端坐在台灯下读书，知道为什么吗？因为老太太信佛了，信佛就要读佛经呀，这让她认识到了识文断字的重要性。一次她来我家住，一大早就拿着佛经问我爱人："这个字该怎么读？"我爱人一看，是皈依佛门的那个"皈"字，这个字可在3500个常用字之外呀。我妻子就把读音和意思告诉了她。没想到老太太听过之后，马上用铅笔在"皈"字的下面写了一个归来的"归"字。大家请注意啊，我国古代主要有两种注音方法，一种叫作直音法，就是用一个自己认识的字注不认识的字；再一个是反切法，就是用两个字注一个字，取第一字的声母，第二个字的韵母，相当于现在的汉语拼音。你看，虽然老太太没有学过古代汉语，却已经能自觉地使用直音法了，了不起吧？那么，她学习起来为什么会有这么高的积极性和创造性呢？还不是因为她觉得学习有用。这就是习得这种学习方法的魅力。没有人催促我，没有人教我，我自己就是想学，就是要学。

【观察者点评】相信你在教学和生活中也遇到过很多这样的例子，能举一个吗？

　　（二）教育学的理解：知行合一

　　下面我们从教育学的角度来考察一下语文综合性学习的意义。人们常说，中国几千年的教育史,一共出了"一个半孔子",大家知道那"半个孔子是谁"？现代著名教育家陶行知。陶行知1939年在香港的《立报》上发了一篇文章,题目叫《说书》。这篇文章的最后是一首诗:"用书如用刀,不快自须磨,呆磨不切菜,何以见婆婆？"意思是说读书就像磨刀一样,磨刀的目的是用来切菜,如果我们天天磨刀,却不去用它切菜,就失去了磨刀的意义。这首诗形象地说明了学以致用的重要性。陶行知提倡知行合一、教学做合一,认为教师的职责不在于教,也不在于学,而在于教学生自学。而且陶行知的名字也很有意思。陶行知是安徽歙县人,出生于1896年,他小胡适5岁,老家也相隔不过30公里,可见那地方地灵人杰呀。他原名叫陶文濬,17岁在金陵大学读书时,疯狂地迷上了王阳明的思想,成了王的"粉丝"。王阳明认为"知是行之始,行是知之成",于是陶文濬就把自己的名字改成了陶知行,这个名字一直用了二三十年。然而,

> 从"陶文濬"到"陶知行"再到"陶行知",著名教育家陶行知先生三易其名的故事反映了其教育哲学观的重要变化。

随着自己教育理论和实践的不断加深,他越来越觉得王阳明的哲学观有问题,人应该是先有行,而后才有知的。也就是说,应该把王阳明的话翻个跟头,改成"行是知之始,知是行之成"。1939年,陶行知在报纸上公开发表了一个声明,说过去的陶知行已经死了,一个新的生命诞生了,他叫陶行知,从此,他开始使用陶行知的名字。陶行知三易其名的故事,体现了他对教育、对实践与知识间关系的理解的变化。现在我们提倡语文综合性学习,目的就是要把实践历练和知识学习联系在一起,做到知行合一、相生相宜。

(三) 心理学的理解:内化

下面我们再从心理学的角度看看语文综合性学习的必要性。我们刚才说过,陶行知出生于1896年,而这一年,对于心理学界来说意义也非同寻常,因为这一年诞生了两位在心理学发展史上具有里程碑意义的人物,一个是瑞士的皮亚杰,另一个是苏联的维果茨基,他们都是认知心理学派的杰出代表。与行为主义心理学家用老鼠和狗做实验不同,皮亚杰的研究对象主要是他的三个女儿。在他提出的一系列认知心理学的重要概念中,有一个概念叫"内化"。他通过自己的实验证明:一个小孩子动手把物体放在一起或分开的动作,会逐渐内化为加减法的心理运算。他认为,这一过程的关键不在于孩子独特的想法,而在于他的实践活动,实践活动在儿童发展的过程中逐渐内化,并转化为脑中的认知性的运算。被誉为"心理学界的莫扎特"的维果茨基则从文化

历史的视角总结了心理发展的客观规律,那就是:人所特有被中介的心理机能不是从内部自发产生的,它们只能产生于人们的协同活动和人与人的交往之中。也就是说,人是先有行动后有思维的,而且行动可以转化为思维。我们经常说,行为方式决定思维方式,思维方式决定生活方式,这是很有道理的。内化的理论从心理学的角度论证了"做中学"的合理性,论证了活动在学习中的必要性。

二、语文综合性学习实施的困境

以上我们从语言学的习得、教育学的知行合一、心理学的内化三个角度论述了语文综合性学习的价值和意义。但在实践中,语文综合性学习做得怎样呢?我想在座的心里都很清楚,其实做得很不好,大家都不做。

2009年,有研究者采用分层随机抽样的方式,对江苏省72所中学的语文教师进行了教学取向的问卷调查。结果显示,教师平均每学期用于语文综合性学习的时间仅有2.3课时。

【观察者点评】你每学期用于语文综合性学习的时间有多少?

你每学期用于语文综合性学习的时间有多少?为更准确地了解语文综合性学习的实施情况,我们曾在2010年进行了一次全国范围的语文综合性学习专题调查。我们选择的调查样本是河南、浙江、四川三省的12所学校的165位语文老师。样本的具体情况是:浙江省4所学校(省级小学1所,市级初中1所,县级初中1所,乡级初中1所)的65位语文教师;河南省4所学校(省级小学1所,市级初中1所,县级初中1所,乡级小学1所)的73位语文教师;四川省4所学校(省级初中1所,地级初中1所、县级初中1所、乡级小学1所)的42位语文教师。

本次调查在问卷和访谈的设计方面也进行了认真的研究和论证,应该说调查结论还是具有一定的信度和效度的。

针对语文综合性学习的实施现状,我们从教师对语文综合性学习的关注程度、投入的教学时间、组织活动的次数和所做的课前准备等五个方面进行了调查。

仅以"投入的教学时间"为例,城市教师每个学期平均用于语文综合性学习的课时数为4.5课时,农村教师的平均课时数为3.5课时(见表1)。尽管课程标准没有明确规定教师应该投入到语文综合性学习的课时数,但如果参考日本的百分之十来计算,即便是第四学段(初中)也应该每学期投入10个课时,结合其他四个方面的调查,我们发现语文综合性学习的实施度是很低的。

表1　教师用于语文综合性学习的课堂教学时间

		农村		城市		整体	
		人数	百分比	人数	百分比	人数	百分比
有效数据	10课时以上	6	6.3	2	2.4	8	4.4
	7—9课时	6	6.3	17	20.0	23	12.8
	4—6课时	30	31.6	30	35.3	60	33.3
	1—3课时	41	43.2	24	28.2	65	36.1
	0课时	11	11.6	7	8.2	18	10.0
有效数据合计		94	98.9	80	94.1	174	96.7
缺省		1	1.1	5	5.9	6	3.3
总计		95	100.0	85	100.0	180	100.0

与此同时，我们在问卷中设置了4个问题调查教师对语文综合性学习的认可度。这些问题均采用利克特五分量表的形式（1分为非常赞成、2分为赞成、3分为一般、4分为不赞成、5分为非常不赞成），题目及结果见表2。

表2　教师对语文综合性学习的认识

题目序号	题干内容	平均得分（M）	标准差（SD）	与学校所在地的相关系数（P）
1.1	语文课程标准在听说读写之外专门设置了"语文综合性学习"领域，我觉得很有必要	1.64	0.72	0.005
1.3	语文综合性学习对提高学生的语文素质很重要	1.61	0.74	0.000
1.4	教科书中专门设计语文综合性学习的活动很有必要	1.88	0.81	0.035
1.8	我感觉到学生对语文综合性学习活动很感兴趣	2.34	0.79	0.040

从4个问题的得分来看（都在3分以下），教师对于语文综合性学习设置的必要

性、语文综合性学习的作用、教科书中语文综合性学习的设计以及学生对语文综合性学习的反应等都是趋于赞成的,尤其是对于语文综合性学习的作用(题目序号为"1.3"),平均得分为1.61分,也就是说,在非常赞成与赞成之间。可见教师们对语文综合性学习的认可度是非常高的。

> 【观察者点评】在我的生活中,存在着信奉理论和使用的理论两种不同的东西,从而造成了我们的知行不一,你认可这种说法吗?

这样一来,教师对语文综合性学习的高认可度和低实施度就形成了巨大的反差,也就是说,大家都知道语文综合性学习是好东西,却又都不去做,这种状态很奇怪,用一句歌词来描述就是"爱你在心口难开"。

那么,到底是哪些原因造成了这种状况呢?结合调查结果和自己的经验,我发现了对语文综合性学习实施构成威胁的"四大杀手"。

(一)没时间:忙得让人发疯

教师是一个忙得让人发疯的职业,如果你想成为优秀教师,你几乎要倾注所有的时间,这是我教书二十年的体会。现在有一本书很火,书名叫《第56号教室的奇迹》。该书的作者雷夫·埃斯奎斯是美国的年度优秀教师,受过总统的接见。作者在该书的扉页上写了这样一句话:"我这个老师没有特别突出的创造力,于是我决定给他们我能力范围内最宝贵的东西——时间。"他在前言中更详细地描绘了这一状况:"几乎每年48个周,每周6天,每天12个小时,我和五年级的学生都会涌进我们那可怜狭小的教室里,沉浸在莎士比亚、代数和摇滚的世界里。每年其余的时间,我和孩子们都在旅行。我的妻子只是认为我有点偏执,但好朋友们对我却没有这么客气,好听点,说我是充满幻想的理想主义者;难听点的,说我精神有问题。"其实,在我看来,他为什么那么忙?因为他把大部分时间用在了组织综合性学习上,当然,这也正是他如此优秀的原因所在。设计语文综合性学习比备一节课麻烦得多,实施起来也往往需要持续一周、一月甚至一学期,因此会占用老师大量的时间。

【反思】

"语文综合性学习对提高学生综合素质有非常重要的作用,然而综合性学习备课任务繁重,花费时间与精力太多,工作量太大,一堂综合性学习课从准备到完成至少需要两三天时间,而构想设计则需要一两周甚至更多的时间。而我们，每天从早到晚的时间，仅仅够一般的备课、上课、批阅作业、检查学生，连平时的公开课、教学检查等都有可能打乱正常教学活动，更别说能挤出这么多时间了。"

以上是一位国培学员的网上发帖，你同意他的观点吗？请把你的理由写在下面吧。

（二）没胆量：吓得让人发抖

实施语文综合性学习时，我们常常要走出教室甚至是走出学校，可是当下的中国教育，安全是高于一切的问题，关乎政治的稳定和学校的生存。安全就是高压线，谁都不能碰，一碰就死。我们的一位实验教师前段时间带学生到社会上去做调查，结果自己几夜都没睡好，唯恐出了安全问题。我在华东师大读博士时，结识过江苏南通的一位教育硕士，她想带孩子出去秋游一次，结果向校长汇报了好多次，校长就是不敢放孩子们出去，最后几经周折、拐弯抹角才赢得了校长的同意。你看，老师做个活动多难呀。在这样的情况下，很多老师索性多一事不如少一事，惹不起还躲不起吗？这也是语文综合性学习难以落实的原因之一。

（三）没心情：考得让人发慌

"素质教育喊得轰轰烈烈，应试教育搞得扎扎实实"是目前大部分中小学的现实。周有周考，月有月考，让老师应接不暇。而语文综合性学习这种东西偏偏很难考察，它与考试成绩的关系也很难一下子看出来。老师天天围着考试转，哪还有心情去做综合性学习呢？在很多老师看来，这是语文综合性学习面临的最大挑战。

（四）没路径：虚得让人发懵

有教师对语文综合性学习感兴趣，在安全和应试的双重压力下，愿意挤时间来搞语文综合性学习，但是他们又碰到了一个大问题，就是不知道语文综合性学习该怎么弄。大部分教科书上的综合性学习活动设计得很不具体，虚得让人发懵。这样一来，想做也做不成、做不好。

【观察者点评】对于这里所列的语文综合性学习的"四大杀手"，你觉得对你构成最大威胁的是哪一个？

三、语文综合性学习的实施策略

找到制约语文综合性学习实施的"四大杀手"之后，下面我结合自己的实践，给大家提供一个实施的全攻略,也是四句话:第一句话是**活动统整,主题集中**;第二句话是**反复实践,螺旋上升**;第三句话是**先易后难,步步为营**;第四句话是**样例引领,评价促动**。

(一) 活动统整,主题集中

德国有一个著名的建筑学派,叫"包豪斯学派",这个学派提出了一个非常重要的建筑学原则——"少就是多",这个原则对教学同样很适用。刚才休息时有老师问我:"教材中安排的综合性学习活动太多,我们做不完怎么办?"大家知道,本次课程改革的一个主要目标是让教师成为课程的开发者,而不仅仅是教材的使用者。其实,语文综合性学习就是你的"自留地",教材设计的综合性学习活动仅仅是给我们举个例子,这个例子用与不用,权力全在我们教师的手里。你既可以挑选你认为好的去做,也可以结合自己学生的情况自主设计活动。我这里强烈建议大家每个学期盯住一两类活动去做,用一两类活动把整个学期的语文综合性学习活动统整在一起。我把这种思路叫作**"集束式设计"**。这正应了我们中国人的那句老话:"与其伤其十指,不如断其一指。"以北师大版六年级语文上册为例,本册安排了办墙报、演话剧、开朗诵会、策划运动会、故事会、风土人情主题报告会、抗战历史调查等活动。那么,如何把这些活动统整在一起呢?我们可以把它归结到某一种形式下,比方说演话剧。演话剧你要先练习朗诵呀,这样就不妨开个朗诵会;你要编写剧本呀,大家写好剧本如何呈现呢?组织办手抄报是一个好办法;话剧演过之后效果如何呢?就不妨做一个调查。这样,所有的活动都围绕话剧走,就把各种活动统整在一起了。

【要点评议】

所谓"集束式编排",就是指把某个学习阶段(如某个学期、学年或学段)的语文综合性学习活动集中于某一种或几种活动类型上,从而使该阶段的各个活动形成一个彼此关联、循序渐进的"任务链"。

以下以第四学段为例,阐述语文综合性学习集束式编排的思路。

在三个学年的时间里可以集中训练讲故事、演课本剧、演讲、辩论等四种活动形式。七年级上学期可以安排讲故事的活动,因为七年级的学生刚从小学过渡到初中,对故事很感兴趣,大多数同学不但爱听故事,也爱讲故事,以此作为活动的形式可以培养学生说话的兴趣和在公众面前表达的信心;七年级的下学期可以安排课本剧活动,把课本上的故事和自己创编的故事表演出来,以此培养学生语言表达和非语言表达相结合的能力;八年级可以集中进行演讲训练,因为这个年级的学生抽象思维能力增强,知识面也迅速扩大,这些都为组织演讲材料,说服、感染听众打下了基础;到了九年级的上期,可以进行辩论的活动,因为与演讲相比,辩论更强调思维的批判性、逻辑性和灵活性,所以将它置于演讲之后较为合适;九年级下学期时,学生面临毕业,纸笔考试较多,可以不考虑安排语文综合性学习。当然,这种集束式的安排并不意味着把各种活动形式截然分开,事实上,前面的活动不但是后续活动的基础,而且应该在以后的学习中安排适当的重复练习,以巩固已经掌握的技能;当然,也可以在八年级的演讲专题中适当安排辩论的活动,只是不宜喧宾夺主罢了。按照这样的考虑,可以将第四学段的集中历练的语文综合性学习形式列表如下:

第四学段语文综合性学习集束式课程编排举例

	口语交际类	读写类
七年级上学期	讲故事	手抄报
七年级下学期	课本剧	
八年级上学期	演讲	调查报告
八年级下学期		
九年级上学期	辩论	编辑小册子
九年级下学期		

(二) 先易后难,步步为营

我作博士论文时做过一个语文综合性学习的案例研究,主题是课本剧。这个活动整整做了一年,两个学期始终围绕课本剧开展各种综合性学习活动。我们的实验大致分为三个阶段。第一个阶段,把书上现成的剧本表演出来。这个最容易,因为剧本都已经有了,孩子们只需要分角色朗读再稍加一些动作就行了。演了几次以后,学生有了些经验,对这种活动产生了兴趣,我们就进入第二个阶段:把课文和课外读物改编

【要点提炼】语文综合性学习的设计要由易到难，精心规划，形成一个循序渐进的活动系列，这样才能有趣有效。

成课本剧。这时候，学生就需要自己写剧本了，比如《勇气》、《小巷深处》、《青梅煮酒论英雄》等。编演了几次以后，孩子们不再满足于改编课文了，他们开始主动地把生活中发生的事情写成剧本表演出来，这就进入了第三个阶段。这三个阶段由易到难、由浅入深，形成了三个学习的台阶。我把它叫作登上语文综合性学习"天堂"的阶梯。

经过一年的实践，实验班的学生深深地喜欢上了课本剧这种语文形式。比如，班上有一位上进心很强的孩子，平时考试他总是比自己的好朋友考得好。可是，有一次考试他考了个第四名，而好朋友考了个第一名，超过他了。好朋友去安慰他，他却不理解，认为好朋友在嘲弄自己，于是两个人发生了矛盾。后来，这孩子终于认识到了自己的错误，两个人重归于好。这个事情发生以后，孩子对老师说："我想把这件事改编成剧本。"老师说："好哇！"于是，孩子利用周末两天的时间完成了剧本，剧本的名字叫《劝慰中的友谊》。好家伙！上下两幕，将近2000字。后来，我们河南大学"国培班"的学员到这个学校参观学习，孩子们还给他们演了这个剧本。老师们看后大吃一惊，初中一年级的学生能写出2000字的剧本，又演得这么好，真是不简单！

（三）反复实践，螺旋上升

围绕一个主题做还有一个重要的作用，就是学生有机会针对一项技能反复实践。教师教育领域有一个非常有名的公式，就是波斯纳提出的"成长＝经验＋反思"。我觉得这个公式需要修正，准确的表述应该是："成长＝持续的经验＋持续的反思"。正如叶圣陶先生所说："培养能力的事必须连续不断地去做，又必须随时改善学习方法，提高学习效率，才会成功。"这让我想起来一个很有趣的故事，一个老教师曾给我说过他是怎么教他的孙子学游泳的，我觉得很值得我们揣摩反思。他教自己孙子游泳的方法很简单，就是用一根绳子往他的腰里一绑，直接扔到河里去，让他在水里扑腾。看着孩子要沉下去了，他才把绳子一拉，把孩子拽出了水面。孩子咕嘟喝了一口水，缓缓气继续练。不几天，孩子就学会了。道理很简单，就是让他下到水里反复练。"罗马不是一天造成的"，技能也不是一次就能掌握的呀。但我们大部分语文教材的设计却没有考虑到这一点，所设计的语文综合性学习活动没有一个明确的主题，东一榔头西一棒槌，蜻蜓点水浅尝辄止。活动的安排主题不突出、密度不合理。结果什么都做过，最终什么都没有掌握。

（四）样例引领，评价驱动

其实，在制约语文综合性学习实施的"四大杀手"中，一个最大的"杀手"还是考试评价。大部分老师承认语文综合性学习在提高学生语文素质中的重要作用，也不怕花时间、费心思，但是最担心的就是搞综合性学习拉下了学生的考试成绩，那真是伤不起呀！

其实大家不必有这样的担心。你想呀，如果孩子想学你的语文，对语文有兴趣了，还怕他学不好？美国的年度优秀教师雷夫·埃斯奎斯所教的学生基础很差，他坚持每周领着孩子演莎士比亚的剧本，孩子们的考试成绩却在全美标准化考试中名列前茅。当然，要想让语文综合性学习促进学生的考试成绩，也是有技巧的。也就是说，领着学生玩儿，你要玩出技巧，玩出水平。我们的方法是：样例引领，评价驱动。我刚才讲了一位老教师教孩子游泳的故事，请注意，他高明就高明在往孩子的腰里系了一根绳子。没有这根绳子，他就无法及时对孩子的活动进行调控了。而在<u>开展语文综合性学习时，教师的手里也始终要有一个绳子，以确保活动的目标不偏离，这根绳子就是对语文综合性学习的评价</u>。这样，不但能提高学生的学习兴趣，而且能确保语文综合性学习"种的是语文的田，耕的是语文的地"。

样例引领，评价驱动的意思是<u>开展语文综合性学习时要精选一些例子供学生模仿学习，并把活动中的语文要素以评分规则的形式呈现给学生</u>。这样，活动做得好与不好，就有了一个标准。例如，我们曾用一个学年的时间做过演讲这个专题。一开始，我们先让学生看自己老师参加学校师德演讲时的光盘，学生一看，平时在讲台上滔滔不绝、手舞足蹈的老师，面对自己的同行演讲时却是战战兢兢、如履薄冰，有时还出现忘词儿的现象。这样一来，孩子们心里踏实了——原来老师演讲也害怕呀，我上台害怕就没有什么不正常了，这样反而敢上台了。孩子登台讲了几次之后，我们又给他们提供了一些名人演讲的样例，让他们看看那些演讲家的风采。孩子们看后，就发现了一些演讲的门道儿，如要脱稿讲，要有激情，要保持和观众的眼神交流和互动等等。在此基础上，师生共同讨论出了演讲的评分规则（见下表），以此指导自己的实践，这就掌握了演讲的门道儿。越是能掌握演讲的门道儿，学生就越觉得演讲有趣。期中考试快到时，老师为了让学生集中精力复习，暂停一次演讲活动，学生不乐意，强烈要求如期举行，而且对语文老师保证，不会因为这个活

【观察者点评】你读过雷夫·埃斯奎斯的《第56号教室的奇迹》吗？读后你最深的印象是什么？

动影响成绩,并且活动从头到尾都自己组织,不需要老师操心。其实,学生是很会管理自己的,他们一旦和你建立起了一种信任关系,成绩呀、纪律呀等事情就都不用担心了。

演讲评分规则

	4	3	2	1
内容	紧扣主题,富有趣味;以多种形式和听众互动,如现场提问等	能围绕主题进行,有两处偏离了主题;听众容易理解演讲内容	有两处内容偏离了主题;使用了许多生僻的词汇和术语	基本与主题无关;只关注自己,忽视听众和周围的环境
条理	开始即点明了主题;结构清晰,有过渡和总结	听众能归纳出演讲的层次;可以形成演讲大纲	有三处跳跃或重复,听众不能形成演讲大纲	内容颠三倒四,让人摸不着头脑
语调和语速	声音高低起伏,能用顿挫突出重点、传达感情;速度快慢适中,发音清晰,没有口头禅	音量适中,但有两处音量的高低处理不当或未能根据表达的需要而变换语速;有三处发音不清	声音过低或过高;速度过快或过慢;有四五处发音不清,有口头禅,如"啊"、"你知道"等	声音太低或速度过快,大部分内容听不清
态势语	和听众有充分的目光接触,手势、移动、点头等肢体语言很自然	有三四次目光游离了观众或肢体语言显得不合适	有五六次目光游离了观众,仅偶尔使用肢体语言	和听众几乎没有目光接触,没有使用肢体语言
语法	有一两处语法错误;句式结构富于变化	有三四处语法错误;句式的结构有变化	有五六处语法错误;句式简单或杂糅	语法错误在六处以上;句式杂糅、没有变化

总体评价:

最终等级:

有教师经常苦口婆心地责怪孩子:"看你学习敷衍了事的样子,学会了对你有好处,你难道是给我老师学的?"这样的老师其实很不了解孩子,孩子要是相信、喜欢哪个老师,就会拼命地把他的课学好,从这个意义说,学生就是冲着你老师学的,这就是孩子的可爱之处啊！所以，优秀的老师总是千方百计地想点子，让学生喜欢自己、喜欢语文、喜欢学习，评价就是一个很好的方法。江苏吴江有个管建刚老师，他的作文教得很好。他的技巧就是给孩子们提供习作发表的园地。一开始，他自己出钱办班级报纸，把孩子们的好文章都登在班报上。慢慢地，孩子们不满足于在班报上发表了，他就推荐他们向报刊投稿，这样一来，孩子们的写作积极性更高了。结果一年下来，他的学生能在报刊上发表上百篇习作。这种评价方法不是给学生分数，而是给学生提供发表的园地，激发学生学习的内部动机，这比起那些小红花、小糖果之类的东西效果要好得多，对孩子的影响也更大。

四、语文综合性学习的实施案例

以上我已经大致介绍了我们所做的课本剧和演讲这两个案例。由于时间的关系，这里我不再详细介绍两个案例的实施过程了，我只想着重呈现一些成果性的东西。"照片一"是实验班的孩子在演《青梅煮酒论英雄》。扮演曹操的这个孩子最逗，有一次，他和老师一起演一个剧本，演过之后，他对老师说："老师，您那个语气不对，应该更严厉一点。"老师说："好哇，你的意见不错。"我们常常说教师要民主，那么什么叫民主？我觉得当一个孩子敢于当面指出自己老师的不足时，他已经理解了什么是民主。民主不是说出来的，是做出来的！"照片二"是《小巷深处》的剧照。当时有很多外校的老师观看他们的演出，孩子们演得那样动情、那样逼真，以至于现场很多老师都流出了眼泪。如果大家仔细看，你会发现那位扮演母亲的孩子的头发有些发白，大家猜她怎么弄的？她就是在头发上撒了一些粉笔末。你看，孩子们多有创意呀！"照片三"是在实验教师范老师的家里照的。这是一个周六，三个学生跑到老师的家里排练课本剧，学生们忙活着念台词，范老师四岁的儿子也在一旁凑热闹。看到这幅照片，我自然地想起了魏巍先生那篇纪实散文《我的老师》中提到的蔡芸芝先生，我是初中学到那篇文章

照片一

照片二

照片三

的,其中给我印象最深的是魏巍先生回忆蔡老师周末带他到她的朋友家里的情景,那是多么温馨的一幕呀!现在,学生们周末跑到范老师家里彩排课本剧,我想爱与信任的种子已经播撒在了他们的心中了。若干年以后,孩子们可能会忘记学校里发生的所有事情,但我相信,这次排练会永远地留在他们的记忆中。

好,看看成绩怎么样。这个学校七年级一共有5个班,实验开始时,实验班(实施语文综合性学习的班级)的平均成绩是67.7,而年级平均分是70.6,低于年级平均分近3分。实验一年之后,实验班的平均分是74.2,年级平均分是71.2,反而超出了3分。我们知道,对于语文学科而言,将成绩拉开距离是很难的,一年的时间将平均分提高6分,简直就是奇迹了。后来范景玲老师跟我到珠海开会,我问她:"学生的成绩为什么有如此显著的提高?"她说:"主要原因是课本剧调动了绝大部分学生学习语文的积极性,尤其是中下等学生的积极性。因为这些学生在参与剧本编排的过程中,发现了自己的优势,看到了自己的价值,乐于学习语文了。其中一位学生的表现最典型,他原来对学习语文毫无兴趣,成绩只考了34分,但这孩子脑子灵,动手能力强,在课本剧表演中表现很好,得到了我的夸奖。从此以后,他对语文有了兴趣。结果,一年之后,他的语文考了71分,仅他一人,就使我们班的平均成绩提高了0.5分。"

而且,老师们可能都有这样的体会:越是成绩好的学生,他学成之后可能并不在乎老师;而如果你改变了一个差生,他会永远记着你。因为优秀生在哪个学校都被老师捧在手里、含在口里,所以他们认为老师对自己好是应该的。而中下等生往往不被老师所重视,一旦得到你的关心和帮助,他会一直感激你。所以从情感投入和产出的角度来讲,我也希望大家试一试语文综合性学习。它不但可以提高你的考试成绩,还能增进你和学生心灵的沟通。而只有当我们抵达学生心灵的时候,才能真正体会到做老师的幸福。

老师们,记得乔布斯为了说服一个叫斯库利的人从百事可乐转到苹果公司,说过一句很有名的话:"你是想一辈子在你的公司里卖糖水,还是跟着我去改变世界?"其实,作为一位教师,我们都面临着这样的选择。在课程改革如火如荼的今天,语文教育也充满了挑战,我们是屈从于应试教育的压力,心甘情愿地"卖一辈子糖水",还是直面挑战,改变我们的课堂呢?作为一位普通的语文教师,也许我们无法改变这个世界,但是我们能改变自己的课堂、改变孩子的心灵世界。最后,我想把捷克前总统拉维尔的话送给大家:"心灵比智慧更重要,承担比回避更重要,参与比置身事外更重要。"语文课改的路上,让我们并肩同行。谢谢大家!

资源链接

1. （美）古德曼著,李连珠译.全语言的全,全在哪里[M].南京:南京师范大学出版社,2005.
2. 董宝良主编.陶行知教育论著选[M].北京:人民教育出版社,2011.
3. （美）阿特,麦克泰伊著,"促进教师发展与学生成长的评价研究项目组"译.课堂教学评分规则:用表现性评价准则提高学生成绩[M].北京:中国轻工业出版社,2005.
4. 申宣成.表现性评价在语文综合性学习中的应用[D],华东师范大学博士论文,2011.
5. （美）雷夫·埃斯奎斯著,卞娜娜译.第56号教室的奇迹[M].北京:中国城市出版社,2009.

后续学习活动

任务1:一位国培学员在听过语文综合性学习主题讲座之后,在网络上发了这样一个帖子:"综合性实践活动在中学语文教学中,确实是一个薄弱的内容。这一方面与各所学校的条件差有关,另一个重要的原因是中考指挥棒在发挥重要的作用,指挥棒指向哪里,教师的教学就指向哪里,哪里就成为教学的重点。"

你觉得开展语文综合性学习与考试矛盾吗?请写出你的理由。

任务2:以下是从网上下载的两张手抄报,请你设计一个手抄报的评分规则。

语文综合性学习设计与实施的"微技能"

专家简介

申宣成,基本情况见前一专题相关内容。

热身活动

在阅读此专题之前,请回答下面的问题:

1. 你了解"支架式教学"这一概念吗?请用三个关键词表达你对这一概念的认识。

关键词一: 　　　　关键词二: 　　　　关键词三:

2. 小组合作是新课改倡导的一种重要的教学组织形式,你认为小组合作学习有哪些优点和缺点?各写出两个来。

优点一:

优点二:

缺点一:

缺点二:

学习目标

通过本专题的学习,你能够:

1. 列举情境的主要类型并为每种类型提供一个案例。
2. 列举支架的四种类型并为每种类型提供一个案例。
3. 学会组织小组合作学习的基本技能。

讲座正文

一、语文综合性学习的定义和特征

在阐述语文综合性学习的"微技能"之前,我们有必要对语文综合性学习的本质和

特征作一个简要的界定和描述。自从语文综合性学习诞生以来,关于其本质和特征的讨论就从没有停止过。或许对我们一线教师来说,那种过于学术化的争论并没有太大的意义,但是,对语文综合性学习的本质和特征有一种简洁和清晰的认识还是必需的。

我根据自己的研究,为语文综合性学习下了这样一个定义:语文综合性学习就是在真实的或接近真实的情境中展开的、整合了两种或两种以上语文要素(读写听说)的言语实践活动。这一定义强调了语文综合性学习的以下特征:

第一,**语文性**。言语技能训练是语文综合性学习作为学科学习方式存在的前提,也是其核心的特征。学科内容的拓展综合必须围绕这一核心特征,否则就会导致"综合"的泛化。

第二,**整合性**。语文综合性学习不是单项技能的训练,而应至少涉及听说读写四种技能中的两种,如读写的结合、听说的结合、听说写的结合、读写说的结合、听说读写的结合等等。

第三,**情境性**。使用了多种言语技能并不一定就是语文综合性学习活动,这些言语技能只有被置于一个真实的或虚拟真实的情境中,被一个真实的任务驱动时,才是语文综合性学习。这种真实的情境,构成了语言应用的条件,否则,语文学习就只能停留在抽象的规则层面,成为机械的符号操练。如,单单让学生听写字词、背诵和默写文章虽然也涉及了听、读、写等多种语文能力,但是因为缺乏真实的语言运用的情境,就不能称之为综合性学习。如果给学生设置一个任务,让学生把所背诵的文章用情境剧的形式表演出来,背诵的内容以台词的形式呈现出来时,学生就进入了一个虚拟的真实情境,此时的学习就具备了语文综合性学习的特征。

第四,**合作性**。由真实任务驱动的学习活动是一个具有意义生成的、洋溢着生命活力的系统。在这个系统中,每个人的身份趋于变化和灵活,关系趋向平等与合作,师传生受的单一知识传递让位于师生协同互助的合作关系。教师既是学生言语行为和结果的指导者、评价者,也是活动的参与者、促进者;学生既是言语行为和结果的实施者、创造者,也是自我以及同伴的评价者、改进者。

【要点提炼】
语文综合性学习具有语文性、整合性、情境性、合作性等四个特征。

二、微技能之一:情境的创设

情境性是语文综合性学习的重要特征,良好的情境设计既能为学生言语技能和策

主题学习工作坊

略的运用提供情境,又能够激发学生参与学习的兴趣和热情,为活动的展开提供动力。

(一)虚拟情境的创设策略

虚拟情境就是利用文字、图片或多媒体等手段再现逼真的生活情境,使学生在身临其境的感觉中展开语文实践活动。

虚拟情境有两个优点:一是情境是为实现学习目标而量身定做的,因此设计的**方向性强**,活动也更容易聚焦。二是代价低、风险小,活动的**时间和内容可控性强**,便于管理。虚拟情境又可以分为"**宏情境**"和"**微情境**"。

【观察者点评】虚拟情境设计的缺陷在哪里?

1. 虚拟的"宏情境"

虚拟的"宏情境"指的是设计者力争全方位地模拟出真实的自然环境和社会环境,整个语文综合性学习活动自始至终都在这种虚拟的情境中进行。在"宏情境"的设计方面,英国的母语教材《牛津英语教程》提供了很好的范例,以下是其中的一个活动——《在荒岛上》的情境设计(《在荒岛上》的情境设计在本书"课例研究工作坊"部分的"英语母语教材中的专题学习案例"中亦有体现):

贺词:体验荒岛生存

　　祝贺你被推选为"荒岛生活小组"的成员之一:你将和你的同伴在一个无人居住的荒岛上生活一个月并展示年轻人的机智、勇敢和适应环境的能力。你将要作出许多决断、探险,还要描述出你们在荒岛上发生的各种事情。

　　勃林岛:到了勃林岛,你将进入一个热带天堂,它堪称野生动物世界。你在这里将看到平时所说的绿色世界中见不到的鸟类和鱼类。但是,要注意:许多动物对人类抱有敌意,比如毒蛇和凶猛的山猫。许多奇异的果子可以为你们提供食物,也可能含有致命的毒

素。然而最主要的困难是岛上没有水源;除非能够想出聪明的储存雨水的办法,因为岛上几乎天天下雨。

克劳维斯岛:这个岛屿的气候凉爽宜人,不难找到饮用水和食物;但是只有蔬菜类植物,没有可供肉食的动物,也没有办法捕鱼。岛上长满了树木,常常下大雨。人住在岛上犹如被郁郁葱葱的绿色所环绕。夜里很冷,得住宿在棚屋里。

Clovis island

阿波埃岛:岛屿地势较低,涨潮或暴风雨来临时,经常有被大水淹没的危险。平时气候温暖干燥,岛上只有一条小溪,下雨时存水,平时干涸。岛上罕见植物,唯一能找到的、可食的植物就是椰子。鱼类很丰富,但是要走到几百米以外的海滩上去捕捉,因为附近的水域都很浅。

Apoa island

任务:
1. 仔细地研究所有的信息。
2. 为每个岛屿列表写出它们的有利条件和不利因素。

> 3. 根据岛屿和你们自己的条件来选择居住的地方。
> 4. 用一段简短的文字说明你们小组选择该岛的理由。
> 5. 利用所提供的信息,画图表示岛屿的特点,并说明你们自己的情况。

在该案例中,设计者首先以激励性的语言赋予了学生一个"探险者"的角色。对于七年级的学生来说,这种神秘的探险之旅无疑有着巨大的吸引力,很容易激发学生的学习兴趣。接着,设计者运用文字和图片,虚拟了一个逼真的荒岛情境,让学生产生身临其境的感觉。围绕荒岛生存,学生需要完成一系列的任务、解决一系列的问题,如"选择伙伴"、"配置设备"、"在岛上生活"、"合作问题"等等,而每一个问题的解决又都是和语文紧密联系的,如学生需要提供四篇日记,需要开展一次表演和讨论等。

情境虽然是荒岛生存,但任务却都是与语文有关的,正所谓"万变不离其宗",这正是教材设计者的高明之处。

2. 虚拟的"微情境"

与"宏情境"相比,"微情境"更注意建立情境和教科书的联系,它往往**是通过一个微小生活片段的模拟引发学生问题解决的兴趣**。以下是美国的一套中学语文教材《美国语文》的"微情境"设计。编者针对教科书中所描述的奴隶贸易的故事,设计了这样一个情境:

> **博物馆报告**
>
> 为了教育今天的观众,类似底特律非洲美国博物馆这样的机构正在举行展现19世纪奴隶贸易文献纪录的展览。设想你被邀请写一篇序言,并且这篇序言将出现在展览开始处一幅大的布告上。要求阐明奴隶贸易中事件的顺序,从非洲人在他们家乡被俘获开始,到非洲人在美洲被拍卖成为奴隶为止。

在上述案例中,学生被赋予了"历史专家"的角色,承担一个博物馆展览活动序言的写作任务。为了完成这个任务,学生必须对课文进行细致的阅读,同时查阅更多的资料。通过这一"微情境"的设计,写作活动就不再仅仅是为写作而写作,而是有了明确的用途和确定的用户——它将作为展览的布告,为博物馆的参观者提供指导——这样就更容易激发学生写作和探究的兴趣。

(二) 真实情境的创设

尽管虚拟的情境具有目标集中、高效可控等优点,但是,不管模拟的情境多么逼真,它都不可能等同于真实的世界。为了弥补这一缺憾,就有必要设计真实的情境,让学生回归真实的生活世界、感受原汁原味的生活、直面生活中的各种"干扰"和"噪音"。

学校作为一个微型的社会,其中蕴藏着丰富的语文综合性学习的资源,而且对于师生来说,在自己的班级和学校里,人员便于沟通、资源便于获取、活动便于组织,因此,班级和学校应作为活动设计的"主阵地"。例如,下面的《岁月如歌》活动,就是结合学生的毕业生活而设计的:

集体的记忆

　　分手之际,你对班集体定然恋恋不舍。那么,让我们留下珍贵的记忆。班上组织个编委会,编写班史,每人珍藏一本,作为对这段生活的永久纪念吧!班史内容可包括:班级毕业照,三年来班级大事记,班级日记摘抄,集体或个人生活照,表现同学心路历程的作文、随笔、日记等。另外,选出若干名对班集体有过贡献、为班集体赢得过荣誉的同学,为他们立小传,编入班史。还可以请校领导给班史题词,请班主任或语文老师撰写序言。如有条件可以用电脑排版、打印。

该任务设计要求学生把自己三年的班级生活编辑成"书",就是赋予了学生"作家"的身份,既可以让学生过一把"出书"的"瘾",也可以培养学生的合作精神,增进学生的同窗情谊。

为了让学生在学习语文的同时增进对社会的认识,还有必要将语文综合性学习活动安排到校外的情境中。但是,因为校外的情境较为复杂,活动的组织往往难度较大,时间的耗费也较多,因此,此类活动的次数应该严格控制,宁少勿滥。例如下面的这则《爱国主义教育活动》设计:

活动准备：

了解背景资料，如有关的历史事件和人物情况，历史的评价，有关地区的历史和地域风貌等；被纪念的人物如果有诗文著作，可阅读一部分。

活动过程：

听取当地有关爱国人士的事迹报告或介绍。

收集当地爱国人士的文献资料（包括图片、文字资料），并摘抄重要的内容。

访问爱国人士或与爱国人士有关的人员。

在活动过程中，同学间互相交流。

【要点评议】

在课堂教学的话语系统中，"情境"一词指的是教师为教学活动的展开而设计的场景或事件。情境设计的目的有两个。

一是实现知识世界和生活世界的连接，对此，陶行知先生曾做过一个形象的比喻——"接知如接枝"。意思是说，知识就像待要嫁接的树枝，而学生的生活经验就像是树的根须，没有根的滋养，嫁接的树枝就难以成活。同理，离开了具体的情境，学生就很难理解知识应用的条件、很难体验知识应用的价值、很难经历知识发现的过程。正如杜威在《我们怎样思维》一文中所说："在学校里，学生思维训练失败的最大原因，也许在于不能保证像在校外实际生活那样，有可以引起思维的经验的情境。"情境缺失的教学，对学生来说无异于符号的挪移、身心的"苦役"。

情境设计的第二个目的是做到知、情、意的合一。爱因斯坦曾这样说过："我们体验到的一种最美好的、最深刻的情感，就是探索奥秘的感觉；谁缺乏这种情感，谁就丧失了在心灵的神圣的战栗中如痴如醉的能力，他就可以被认为是个死人。"的确，知识的获取过程同时也是情感和意志的发育过程，这就是裴斯泰洛齐所强调的情感、理智和行动的统整，后人将其概括为"3H"，也就是心（heart）、脑（head）、手（hand）的合一。

情境的设计主要包括物质筹备、目标定向、活动反思等环节。

在物质筹备阶段，教师需要考虑的问题很多。其中最主要的有两点，一是要整体考虑情境创设的"性价比"，即教学的投入能给学生带来多大的收获。一般而言，创设全真的情境需要较为充裕的时间，因此，其次数就不可能过多。苏霍姆林斯基是极重视带学生到大自然中观察和体验的，他将其称为"思维课"，即便如此，其次数也不超过每周2次。结合我国教育的现状，情境创设还尤其要考虑安全的问题，因此，筹备时就要尽可能考虑得周全，并对可能出现的突发事件做好预案。

目标定向是整个情境设计中至关重要的环节。因为没有明确的目标，学生就会迷失在情境之中。美国匹兹堡大学的学习技术中心之所以把情境设计称为"抛锚式教学"，意思就是用"问题"把情境"锚"定在某种学科领域的学习中，这充分证明了目标定向的作用。

活动反思就是在活动的过程中以及活动之后，切己体察，发现活动对自己生活和学习的意义，正所谓"未经反思的生活是不值得过的生活"。

三、微技能之二：支架的设计

完成了情境的设计之后，教师还要为学生的言语实践活动提供必要的知识和资源，搭建活动的"支架"。在这些"支架"的帮助下，学生才可能顺利地"登堂入室"，完成学习任务。以下结合英国母语教材中的一则任务设计案例，对各类"任务支架"的定义和形式进行解析。

该案例选自英国海纳曼教育出版公司2002年出版的Key-Stage3（相当于我国的初中学段）课标版教科书《英语技能》第3册R版的第18单元。本单元为"演讲"单元，其内容全部以活动（activity）命名，八个活动由单元总目标连接和驱动，构成了一个环环相扣的"活动链"。其具体内容为：

> 活动1：分成4—5人的小组，依次向本小组的成员说说你对下面所罗列的一些问题的观点。在呈现自己的观点之前，可以在下面的表格中简要写下

你的观点(提供了一个表格)。

活动2:用45秒钟的时间,向全班同学说出困扰你的一件事。尽管这是一个正式的场合,但是并不需要非常正式的语言,因为你和观众彼此认识(本活动之前提供了一篇演讲稿《人类的好朋友》,要求学生阅读并思考文后的问题)。

活动3:学生听老师大声朗读撒切尔夫人1982年在英阿"马岛战争"结束之后的演讲,之后讨论教科书提供的5个问题(以表格的方式呈现),要求小组中选出一个记录员,把大家的讨论结果记录在表格中,以便和其他小组交流。

活动4:比较自己在"活动2"中的演讲与撒切尔夫人的演讲,思考怎样才能成为一个好的演讲者,并与小组成员分享自己的想法。

活动5:再次听老师朗读一则演讲稿,比较这则演讲稿的单词和短语与撒切尔夫人的演讲在风格上有什么不同?

活动6:"And a'n't I a woman?"(此句子是古英语中的一个表达,翻译时未作改动——笔者注)这个句子出现了四次,每次出现在什么地方?意思是否相同?

活动7:运用在本单元学到的关于演讲的知识准备并做一个正式的约1分钟的演讲,演讲的主题为"你希望看到的未来的世界"。因为这是一个正式的演讲,所以应该使用标准英语,除非为了增加表达的效果,尽量避免使用俚语和方言。

活动8:以"我希望看到的未来的世界"为题发表一个正式的演讲。

在上述任务设计中,编者提供了大量的"支架",本文将其归纳为四种类型:**活动支架、知识支架、思维支架和资源支架。**

(一)活动支架

仔细分析上述由八个活动构成的"活动链"就不难发现,各个活动的功能并不相同。"活动2"和"活动8"是任务的主体,给学生提供了两次"演讲"的"经历";而其他活动则是它们的辅助,为其提供了必不可少的知识储备或心理准备,如"活动1"通过小组讨论和笔记,引导学生反思不同的人群、不同的情境对自信心的影响;对于"活动 2"来说,它既起到了热身(warm-up)的效果,又提供了知识的准备;"活动 3"、"活动 4"共安排了两次倾听和两次讨论的活动,以比较的形式强调了演讲语言的特征,从而为"活动 8"提供了知识的引导和行动的范例。

【要点提炼】活动支架指的是那些对主体活动起支撑作用的辅助类的活动。

这样一来,这些辅助类的活动就对主体活动起到了支撑的作用,我们不妨把它们称为"活动支架",有了这些"支架",整个活动才能顺利地进行。

(二)知识支架

在作为主体出现的"活动 2"和"活动 8"中,教科书还提供了具体的程序性知识,以支撑活动的进行。以"活动 2"的设计为例:

第一步:确定一个话题。最好说出你的真实经历和感受。

第二步:组织你的演讲。它尽管很简短,但仍然要求:

- 一个能够快速吸引听众注意力的开头,让他们知道你将说些什么。
- 主体部分要说出一些理由来支持你的观点。
- 结论中要有一个让听众难忘的短语。

第三步:进行演讲。演讲时与听众保持眼神的交流非常重要,因此不能去读讲稿。你需要在以下两种方式中作出选择:要么完全不用讲稿,要么使用提示卡片(对于一个 45 秒钟的演讲来说,只需要 3—4 行的提示语)(呈现一个提示卡片的样例)

第四步:演讲之后,听其他同学的演讲,写下你的想法:

- 你觉得自己的演讲怎么样(听众会觉得有趣吗?)
- 你觉得表达得如何?
- 演讲之前的计划有用吗?

上述活动设计所提供的程序性知识包括:

演讲程序的知识——确定话题、组织内容、进行演讲、效果反思。

——与听众保持眼神的交流；合理组织演讲的结构；选择合适的语言。

与听众保持良好交流的知识——熟悉讲稿或者使用提示卡片。

安排演讲结构的知识——吸引人的结尾和开头；充分的理由；真实的故事和情感。

选择演讲风格的知识——根据听众的情况和演讲的场合。

在"活动2"的基础上，"活动8"进一步深化了技能的要求，提供了新的程序性知识，即：

选择演讲语言的知识——根据听众和演讲的场合作出选择。

加深听众印象的知识——重复关键的语句；强调关键的词语；控制演讲的节奏。

除了提供程序性知识之外，该任务设计还提供了一些反省性知识，如"活动2"的第四步中的3个问题都是促使学生对自己的表现进行反思的问题。类似的反思性问题几乎在每个活动中都有，如"活动1"之后的两个问题是："作为一个演讲者和倾听者，你有哪些优点？你希望自己在演讲和倾听方面有多大程度的提高？"

> **【要点提炼】**
> 知识支架指的是那些为实践活动的推进提供了理性指导和知识支撑的活动。

以上这些知识为实践活动的推进提供了理性的指导和知识的支撑，所以我们可以称之为"知识支架"。

(三) 思维支架

为了促使学生更好地掌握这些程序性知识和反省性知识，编者还提供了各种类型的"思维工具"作为"思维支架"，主要可以归纳为以下几种类型：

1. 漫画和图片

该单元插入了一幅漫画和三张照片，其中两张为撒切尔夫人演讲时的面部写真照片，另一张为马丁·路德·金演讲时的全身照片，而漫画则以夸张的手法展示了演讲者的动作。这些图片和漫画能够给学生以视觉的冲击，不但让学生体会到了表情在演讲中的巨大作用，而且有利于培养学生的形象思维能力，对思维的激发和知识的理解起着不可替代的作用。

2. 表格

为了引导学生掌握分析的方法，把握分析的角度，该任务设计在两个地方使用了表格，如在"活动3"中，提供了下面的表格：

作为思维支架的表格举例

讨论的主题	需要思考的问题	简要的答案
演讲的结构	给演讲的四个段落各列一个小标题	
演讲者的观点	如:演讲者是怎样看待那些对战争持反对态度的人的?	
观众意识	演讲者用了"我们"、"他们",而没有用"我"	
语言	演讲者所用的语言和你的日常用语有何区别?她是怎样使用简单的句式和复杂的句式的?	

借助这个表格,学生就可以体会如何从不同的角度分析问题,同时,学生在填写表格时,也必须提炼自己的想法,使自己的答案尽可能精炼,因此,它对于培养学生的归类思维和聚合思维不无裨益。

【观察者点评】你能给思维支架下个定义吗?

3. 维恩图

在任务设计中,设计者还使用了维恩图(如蜘蛛图)等形象化的思维工具。

(四) 资源支架

在本单元中,编者提供了多个演讲的样例,如撒切尔夫人的演讲、特鲁斯的演讲和马丁·路德·金的演讲。这些精心选择的资源为学生的演讲实践提供了范例,使抽象的知识变得具体可感,因此,可以称之为"资源支架"。资源支架的选择,就如同教科书的选文一样,充分体现了任务设计的专业品质:提供什么和不提供什么,需要从学习内容出发作出仔细的推敲和权衡。

【要点提炼】资源支架指的是那些为学生的实践提供范例、使抽象的知识变得具体可感的教学资源。

在语文综合性学习设计中,有效地使用以上四种类型的支架,可以使精心的预设和灵活的生成做到辩证的统一,从而提高语文综合性学习的有效性。

【要点评议】
20世纪70年代,美国教育家和心理学家布鲁纳在研究母亲如何影响幼儿语言发展的过程中,发现母亲给予幼儿的支持与建筑上使用的支架有极其相似的地方,于是,他根据维果茨基的"最近发展区"的理论,进一步将母亲对幼儿语言发展的这种支持引入到教学领域,正式提出了"支架式教学"(the scaffolding instruction)的概念。

该理论认为,教师应首先在学生的现有知识水平和学习目标之间建立一种帮助学生理解的支架,然后在这种支架的支持下,帮助学生掌握、建构和内化所学的知识技能,最后再逐步撤除支架,让学生独立完成对学习的自我调节。

以下是支架式教学用于语言教学的一个案例。

这堂课的教学目标是让小学生掌握"无论…还是…都…"这一句型的使用。教师基于对学生的学习起点(亦即实际发展水平)的分析,首先呈现这样的句子:

白天,他认真学习。

晚上,他认真学习。

无论是白天还是晚上,他都认真学习。

教师引导学生分析:如何把两个句子用"无论…还是…都…"组合成一个句子,并把关键的环节给学生指出来。如:

<u>白天</u>,<u>他认真学习</u>。

<u>晚上</u>,<u>他认真学习</u>。

无论是<u>白天</u>还是<u>晚上</u>,他都认真学习。

等学生澄清了其中的关系后,进入教学的第二个环节,教师呈现如下内容:

春天,西藏的天气很晴朗。

夏天,西藏的天气很晴朗。

无论是____还是____,____都_____。

等学生顺利完成这一环节后,再进入教学的第三环节。教师呈现:

在中国的北方,有各种各样的鸟。

在中国的南方,有各种各样的鸟。

_____，_____。

第四个教学环节中，教师呈现：

星期一，我们上课。

_____，_____。

_____，_____。

教学的再下一个环节是教师呈现如下的形式：

_____，_____。

_____，_____。

通过这种方式，教师一步步撤去给学生的学习支撑（所搭建的理解支架），把任务逐步交给学生来完成。最后，再让学生对自己本堂课的学习情况进行评价，反思自己是否真正掌握了学习的内容。为了帮助学生更好地掌握所学的内容，形成自主学习能力，教师在教学的各环节中通常要求学生先努力做到独立地完成任务，如果存在问题，再与同伴或小组成员进行交流，或者请教老师。

四、微技能之三：小组合作的组织

小组合作是语文综合性学习中最常用的教学组织形式。很多教师认为，只要把几个学生分成一组，学生自然就会进行合作学习了，这其实是一种误解。组织小组合作是一项复杂的教学技术，如果不得要领，小组学习的优势就难以体现，有时甚至会起副作用。

美国的约翰逊兄弟始终致力于合作学习的研究，并总结出了小组合作的五大要素，其中以下三个要素最值得关注。

（一）在小组成员之间建立积极的互赖关系

积极的互赖关系就是运用一定的方法使小组成员之间产生互相依赖、荣辱与共的思想，从而调动每个小组成员参与学习的积极性。建立小组互赖关系的方法很多，如目标互赖、奖励互赖、资源互赖、角色互赖、身份互赖、任务互赖、想象互赖等，下面仅以角色互赖为例作以说明。

角色互赖就是根据小组合作的任务给每个成员分配不同的角色，如组织者、记录者、理解检查者、参与鼓励者、时间控制者、噪音控制者等。为了使学生很好地执行所分配的角色的任务，开始时可以给每个角色 配备一张角色卡片，上面 写上 实施自己角色的 指导语，以下是小组合作中常用的角色、任务及提示语的列表。

【观察者点评】你在组织小组合作学习时给学生分配过角色吗？

小组合作中常用的角色、任务及提示语

角色名称	任务	提示语
组织者	引导小组活动，保证小组工作并确保每人知道指令是什么	我们本次小组活动的任务是…… 我们的工作分配情况是……
计时员	保证工作在限定时间内完成	我们这一环节安排的时间是…… 我们时间不多了，请抓紧时间
检查员	检查所有的组员是否完全理解	您提出了一个很好的看法，但是能再具体地解释一下吗？
记录员	记录小组讨论结果，可以用文字，也可以用一些特殊符号，如图表等	请把您的话重新说一遍，以便我记录下来
报告员	汇报本组的结果，与其他小组联络以及与全班交流	这是我们小组的成果，与大家分享
噪音控制员	保证声音不要太大	嘘！请大家压低声音，以免打扰别人
鼓励者	激励所有小组成员参与活动、各抒己见	你有很多好的想法，能否再提供一个？ 我想我们的方向是正确的，下一步怎么办？
质疑者	扮演一个反面角色，提出相反的看法和其他可能性，即使是小组已经讨论过但却被忽略的不同意见	我有不同的看法…… 我们考虑到问题的另一面了吗？

（二）培养人际交往技能

要使小组合作富有成效，小组成员就必须同时完成两项工作，一是学习有关学科主题的内容，如语文综合性学习的内容和评价标准，即 任务性工作；另一方面，学生还需要掌握人际交往的技巧,即**交际性工作**,如彼此的认可和信任、接纳和支持、清晰而准确的交流、建设性地解决冲突等。要提高人际交往的技巧,以下方法可以参考。

1. 使用手语

其目的是更快地吸引学生的注意力,教师可以要求学生:当老师举起双手时,看到教师手势的学生要把注意力转移到教师的身上,并且也举起手。其他的学生注意到这些,也会举起手来,不久所有的学生就会集中注意了。使用这种方法,教师并没有对喧闹的课堂大声喊叫,却有效地发挥了管理作用。

2. 对号入座

这一技巧是为了保证所有学生都平等地参与集体的任务。操作方法是:教师给每个小组提供一个编号,如在四人小组中,每个小组的成员都被编成1—4号。当需要全班讨论时,教师就采用叫号的形式,例如,教师叫"2号",所有小组的2号都举起手,他们就是各小组的发言人。

3. 明确规则

在很多情况下,学生不是不想合作,而是不知道合作的规则,因此,教师的指导就尤其重要。如针对合作性的讨论,可以告诉学生这样一些规则:

- 我只是对小组成员的观点提出质疑,而不是抨击某个人;
- 我鼓励大家都参与讨论;
- 我认真倾听别人的观点,即使我不同意他的说法;
- 别人说我讲得不清楚时,我会重新解释一遍;
- 我力图理解一个问题的不同方面;
- 我首先摆出各种观点,然后再加以综合。

(三) 反思小组合作的历程与成果

学习的进步依靠的是持续不断的自我反思,"未经反思过的生活是不值得过的生活",这句话对于小组合作中的学习者来说也是正确的。思考下面的问题,有助于学生对小组合作历程和成果的反思:

- 指出三件本小组在合作学习过程中做得不错的事情;指出一件本小组原本可以做得更好的事情;
- 思考每个小组成员为提高小组效能所做过的一些事情,并告诉该成员;
- 向本小组成员表达你对他们今天为你提供帮助的感激之情。

资源链接

1. (美)约翰逊著,伍新春等译.合作学习[M].北京:北京师范大学出版社,2004.
2. 马浩岚.美国语文(第1册)[M].北京:同心出版社,2004.
3. Lindsay Mcnab, Imelda Pilgrim, Marian Slee. *Skills in English*(3R). Halley Court:Heinemann Education Publishers,2002.
4. 王尚文.语感论(第3版)[M].上海:上海教育出版社,2006.
5. 吴忠豪.外国小学语文教学研究[M].上海:上海教育出版社,2009.

后续学习活动

下面是德国母语教材《现代德语(第7册)》中设计的语文活动《乌托邦世界》中的部分内容,认真阅读并完成文后的题目。

乌托邦世界

地球某个地方或者宇宙深处某个地方存在着一个不知名的国度,叫:乌托邦。那里的一切都与我们地球不一样。到底怎么样呢?这就靠你们去发挥想象:

- 那里的房子和道路什么样子?
- 那里的人穿什么样的衣服?
- 那里的人怎样活动?
- 学校里有没有成绩和考试?
- 我们地球人怎样才能去访问他们?……

如果你们能把乌托邦国画出来,那你们对这个国家的想象就更具体、更形象,那样你们就能更好地描述这个国家和国家里的人、机器、动物、树木和房子。

科学考察归来

情景:一年前,一个专家小组受幻想公司的委托,对乌托邦国进行了科学考察。参加考察的科学家来自生物学、地理学、语言学等各个学术领域。一周前考察组返回地球,接受了医学健康检查,十分谨慎地恢复了地球膳食习惯,适应了地球气候条件。

明天有一场重要会晤:专家们将向幻想公司领导作科考汇报。实际上他们面临两项任务:一是完成一则考察报告,二是陈述科考所取得的成果,以便为下一次考察争取资金。为此,他们必须使公司领导确认再度考察的必要性和重要性。属于公司领导层的有:老经理G·苏得赛,他的女儿F·苏得赛博士,法律顾问A·钟格尔博士和财经顾问E·莎伊茵女士。

1. 讨论一下专家组面临的双重任务。它们之间有什么联系?又有什么区别?

2. 考虑一下,公司领导对本次考察寄予什么期望?

3. 收集对于这次考察感兴趣的各种问题,填入下表,例如:

考察项目		
体育运动	大众媒介	业余活动 ……
● 乌托邦国里有网球场吗? ● 多长时间举行一次奥运会? ● 开展哪些业余体育活动? ● ……	● 乌托邦国有多少种日报? ● 有哪些广播电台? ● ……	● …… ● ……

4. 为每一项考察项目配备一个考察小组;同时,确定公司的领导班子。每个小组需要推出一个专家组,负责在考察报告会上向公司的领导小组汇报。

考察小组:各组收集和记录考察内容。你们可以发挥自己的想象力,反正你们都是公司的职员。为了更好地说明自己的想法,可以用一幅草图或一幅画表现出来。各组准备一份简短报告,内容包括:关于某个事件的报告,对某个物体或过程的描述。为使报告形象生动,可以使用墙报、投影仪或地图等辅助手段。

领导班子：从公司领导角度讨论所关注的问题，以及为再次考察提供经费的条件。为此，要准备一份评估标准，可以从以下方面考虑：

幻想公司领导小组关于乌托邦国考察的评审标准

日期：_____

	体育运动	大众媒介	业余活动	交通	……
报告的内容					
报告的手段					
报告的组织					
……					

问题：

一、分析上述设计是如何体现活动的语文性的。

二、举例分析上述设计中所使用的支架类型。

课例研究工作坊

国外母语综合性学习案例

英国母语教材中的专题学习案例

在荒岛上[①]

课例导读

　　设计和编写综合性言语实践活动,是英国语文教科书的特点之一,不同版本的教科书都有命名不同的言语实践专题活动,有的版本称为"特设项"(special),有的版本叫做"项目"(project),有的版本叫做"应用语言"(using word)。其中《牛津英语教程》(The Oxford English Program)在语文专题设计方面最为出色,这套教科书是为第三学段(11—14 岁)学生编制的,共三册。每册分 A、B 两大部分。A 部是以文学体裁为线索编选的文章和作品;B 部是以阅读、写作、听说、书写等言语技能为线索的语言应用训练。整套教科书一共设计了 20 个言语实践专题活动。《在荒岛上》这一活动被安排在第 1 册第五单元之后。编者让学生选择一个荒凉的岛屿、挑选中意的伙伴,准备各种生活和劳动工具,在荒岛上生存一个月,独立地解决他们面临的各种问题。其设计思路新颖,目标鲜明,富有趣味,被我国语文教育研究者广为引用。

　　选择此案例进行研究,目的在于解决以下三个问题:

[①] National Curriculum Key Stage 3, The Oxford English Programme 1, Special: On my island, Oxford University Press, 1990,1991. pp. 88 – 95.

1. 如何选择语文综合性学习的话题？
2. 如何创设"真实"的活动情境？
3. 如何设计活动任务？

热身活动

在阅读此课例之前，请回答下面的问题：

1. 你本学期使用的语文教科书中是否安排有语文综合性学习活动？如果安排了语文综合性学习活动，你认为其中最好的话题是＿＿＿＿＿＿＿＿＿＿＿＿＿＿＿＿＿＿。

2. 在所接触到的语文综合性学习活动中，你认为设计得最好的活动是哪个？请写出三个理由。

活动设计

贺词：体验荒岛生存

祝贺你被推选为"荒岛生活小组"的成员之一：你将和你的同伴在一个无人居住的荒岛上生活一个月，从而显示年轻人的机智、勇敢和适应环境的能力。你将要作出许多决断、探险，并且要描述出你们在荒岛上发生的各种事情。

勃林岛：到了勃林岛，你将进入一个热带天堂，它堪称野生动物世界。你在这里将看到平时所说的绿色世界中见不到的鸟类和鱼类。但是，要注意：许多动物对人类抱有敌意，比如毒蛇和凶猛的山猫。许多奇异的果子可以为你们

> 活动一开始，设计者就以充满激励意味的贺词赋予了学生"探险者"的角色，第二人称的叙述方式拉近了活动设计者与学生的距离，"机智"、"勇敢"、"决断"、"探险"等词语则饱含着对学生能力的信任。

勃林岛

提供食物，也可能含有致命的毒素。然而最主要的困难是岛上没有水源；除非你们能够想出聪明的储存雨水的办法，因为岛上几乎天天下雨。

克劳维斯岛：这个岛屿的气候凉爽宜人，不难找到饮用水和食物；但是只有蔬菜类植物，没有可供肉食的动物，也没有办法捕鱼。岛上长满了树木，常常下大雨。人住在岛上犹如被郁郁葱葱的绿色所环绕。夜里很冷，得住宿在棚屋里。

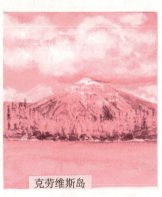
克劳维斯岛

阿波埃岛：岛屿地势较低，涨潮或暴风雨来临时，经常有被大水淹没的危险。平时气候温暖干燥，岛上只有一条小溪，下雨时存水，平时干涸。岛上罕见植物，唯一能找到的、可食的植物就是椰子。鱼类很丰富，但是要走到几百米以外的海滩上去捕捉，因为附近的水域都很浅。

阿波埃岛

1. 仔细地研究所有的信息。
2. 为每个岛屿列表写出它们的有利条件和不利因素。
3. 根据岛屿和你们自己的条件来选择居住的地方。
4. 用一段简短的文字说明你们小组选择该岛的理由。
5. 利用所提供的信息，画图表示岛屿的特点，并说明你们自己的情况。

课例研究工作坊

【要点评议】

我们生活在一个读图的时代,图片、表格、数据图等非连续性文本越来越多地出现在我们的生活里。这样一来,培养学生阅读非连续性文本的能力就成为语文教学的一个重要任务。在全球教育领域影响巨大的国际学生评估项目(简称"PISA")就将非连续性文本的阅读作为阅读能力测试的重要内容,我国的《义务教育语文课程标准(2011年版)》也明确提出了非连续性文本的阅读目标。上述任务中的"读图"、"列表"、"画图"等都体现了设计者对这种能力的关注。

选择旅伴

奈森·范里西:男,13岁,身体强劲有力;举止任性,具有独立性,不喜欢求助于人;怕蛇。

克里格·温斯太利:男,11岁。身体不十分强壮。为人随和,受人欢迎。喜欢烹饪并善于此道;有哮喘病。

席格·维英:女,12岁;乐于助人,健谈,善于把他人低落的情绪鼓动起来;平时做事有点杂乱无章;不适合当领导;近视眼。

裘丽雅·凯恩:女,12岁;能干,理智,勤恳,处理问题果断,有主见;对持有不同意见的人有时急躁;不吃荤菜。

鲍林·汤玛斯:女,13岁;活泼,健康,校足球队最佳队员之一;善于实践,手工设计精巧;但是怕做家务;只吃便宜食品。

> 对五个伙伴的图文介绍不但为学生分析他们的优缺点提供了基本的信息,而且也为学生介绍自己的优缺点提供了样例,可谓一举两得。

除了上面介绍的五个人外,你还可以另选两名伙伴同行。现在,你要做的是:
- 作为岛上生存小组的成员,他们每个人的优缺点各是什么。
- 决定另外两个成员,并说明选择他们的理由。
- 按照上面提供的资料,介绍一下自己的优缺点。

配置设备

在上岛之前,允许各小组选择一些设备:六种生活必需品和两种奢侈品。配置的物品应满足小组每个成员的需要。

1. 你选择的六种必需品是什么?说明选择它们的理由。
2. 你选择的两种奢侈品是什么?说明选择它们的理由。
3. 小组的每个成员都应有一个日记本,记录自己的经历和感受。现在已是出发的前一天了。你已经知道了自己的伙伴、已有的设备;已经对小组选择的岛屿有了许多了解。在第一篇日记里,写下自己准备进驻岛屿的感想。
4. 现在写第二篇日记,其中应写出登上岛屿时发生的事情、你和小组其他成员的感受;尤其是当看着运载你们的船只返航,渐渐远去,直至消失的时候,你的感受是什么。

【要点评议】
　　语文综合性学习的问题设计要尽可能清晰,问题越清楚,情境越丰富,活动就越容易展开。如上述的第3和第4两个任务,设计者就将要求和条件陈述得既清楚又详细,这样学生写起日记来就有了内容和抓手。我们的很多语文综合性学习之所以引不起学生的兴趣,之所以达不到预期的效果,一个重要的原因就是问题设计得不清晰。

在岛上生活

1. 思考小组成员在岛上生存必须做的事情是什么。这些图画给你提供了一些观点,但是还应开动脑筋。

2. 列出小组必须做的重要事情的明细表。

3. 列出这些事情的顺序,把最重要的事情放在表格的上层,次要的放在下面。

4. 列出做好每一件事和解决每一个问题的途径和方法。

5. 思考你们小组开始岛上生活的实际情况,写下第一天生活的完整的日记。

问 题

观察下面这些图画,思考如何解决你们在岛上必须解决的问题。

上面的最后一幅图画中,有许多孩子在讨论问题。从他们的位置、交谈对象和对话内容上看,可以分为三组。最上面一组三个人,从左至右,说话的内容是:"看来没有一个人可能同意。""我们应该开会,投票表决。""为什么总是男孩子有决定权?"中间左侧二人正在说:"人人应该做好他合理分担的事情。""可是每个人都愿意做他有兴趣的事情,比如说,钓鱼。""没有人愿意做负担重的事情,例如饭后洗碗。我们需要订一个勤务值日表。这样,每一个人就都可以轮流去做负担较重的事情了。"右下侧四个人正在说:"我想,我们应该选举一个领导人,大家都要服从他(或她)。""恐怕没有人能按照他说的去做。""我们需要一个强有力的领导。""为什么不能每天轮流做领导人呢?"

1. 选择1—4幅图画,按角色表演出全部对话。
2. 再选择另一幅图画表演。
3. 选择你刚刚表演过的一幅图画,在卡片上写出它的表演脚本。
4. 再次观察你选择的4幅图画,逐一思考并正确判断人们面对的问题是什么。为每一幅图画写出你的解释和你的解决方法。

5. 从 4 幅图画中选择一幅，设想你置身其中，而后写出这一天的日记。

6. 最后一幅图画表明孩子们正在讨论如何解决他们面对的问题。你从他们的谈话中可能会看出一些情况。用一个表格列出他们的主要问题；说明你对解决问题的看法。

7. 思考这场争论是如何发生的、应该如何解决。在日记里引用你所描述的人们的话语、作出的决定，以及你的想法和感受。

【要点评议】
　　上述的 7 个任务涉及的内容都是学生生活中经常遇到的问题，如一起劳动、解决争论等，但设计者的高明之处就在于从这些生活内容中抽出了语文要素，并开发出了丰富的课程内容，如对话、脚本和日记等，从而将语文和生活巧妙地融合在了一起，凸显了专题的语文性。

问题研讨

一、话题选择的趣味性

本专题活动的话题为"荒岛生存"，对于十二三岁的学生来说，这种探险类的话题能极大地调动起他们的好奇心，激发起他们强烈的独立生活意识和解决实际问题的创造力。它有助于培养学生的冒险精神，克服困难的顽强意志，以及乐于和善于与他人合作的集体主义情感。学生在这些活动中，要动脑、动眼、动手、动口；要重新复习或整合原有的知识和经验；要不断经历责任感、价值观和情感的考量和熏陶；要把自然、社会、个体、文化四个方面统整起来。它牢固地植根于学生的精神世界和实践活动中，具有亲历性、体验性和兴趣性的鲜明特征。

二、情境创设的逼真性

这个专题活动完全是在一种虚拟情境之中进行的，为了增加情境的逼真性和现场感，设计者提供了 24 幅彩色图片，向学生展现了一个他们完全不熟悉的荒岛生活的情境，其中包括自然环境、物质装备、生活事件、人际关系处理等等，这些图片加上精炼的文字说明，就有可能最大限度地激发学生天马行空的想象力。这不仅符合十几岁少年形象思维的年龄特征,而且有助于培养学生直觉的、二维的、整体的感知和思维能力。

三、问题设计的语文性

在这个专题设计中,编者有意编排了多种言语实践活动。它注意培养学生独立的阅读能力,如从图文中提取和加工信息,区别主要信息与次要信息,分析事物的表面现象和内在本质,制作非连续性文本(如表格、图示、提要)等。它培养学生从生活实际需要和情感表达需要去写作的意识;锻炼学生写日记、写说明书、写对话脚本、扮演角色、相互讨论等多种写作和说话的能力,这些都体现了鲜明的语文性。

资源链接

1. 洪宗礼,柳士镇,倪文锦主编.母语教材研究(6)[M].南京:江苏教育出版社,2007.
2. 马浩岚编译.美国语文[M].北京:同心出版社,2004.
3. 靳彤.语文综合性学习:理论与实践[M].北京:中国社会科学出版社,2007.
4. (美)杜威著,赵祥麟,王承绪编译.杜威教育名篇[M].北京:教育科学出版社,2006.

后续学习活动

请根据本班学生的具体情况,将《在荒岛上》稍作改动,如给三个岛屿和五个伙伴分别起一个中国名字,使之更易于自己的学生接受,而后组织学生按照该案例的设计进行一次语文综合性学习活动,记录并分析活动的效果。

美国语文综合性学习案例

哈莱姆文艺复兴①

课例导读

美国英语语言艺术(English-Language Arts)课程没有统一的课程标准,各州对英语语言教学的要求也有很大的不同,但是大多对综合性学习予以了关注。例如,马萨诸塞州的《英语语言艺术课程框架》就提供了多个综合性学习的教案,每个教案的设计都分为四个部分:课标要求、过程介绍、课程评价、成果展示。其课程设计有两个主要的特点,一是基于课程标准设计和组织教学;二是强调了评价在教学中的作用。本案例就是其中的一个适用于七年级学生的教学设计。

目前,我们在实施语文综合性学习时,普遍存在着两个问题,一是只关注教科书和自己的兴趣,而忽略了语文课程的相应要求;二是只关注教和学,而忽略了评价。这些问题的存在严重影响了语文综合性学习的有效性。

选择此案例进行研究,目的正在于提醒读者关注上述问题,具体而言,就是要弄清楚以下三个问题:

1. 本案例在活动主题的选择上有何特点?
2. 本案例在第一部分把课标要求罗列出来有何作用?
3. 设计者安排了哪些评价活动,这些评价活动的作用是什么?

热身活动

在阅读此课例之前,请回答下面的问题:

1. 在实施语文综合性学习时,你是用什么形式评价学生的行为和成果的?(可以多选)

　　A. 用成长记录袋收集学生的学习成果

　　B. 口头评价,不做记录

---

① 杜红梅.美国语文综合性学习案例评析.语文建设[J].2008(6),略有改动.

C. 文字记录，但不收集汇总

D. 每次学习活动结束之后给出一个分数

E. 不做评价

2. 在评价学生语文综合性学习的行为和成果时，你使用的方法是：

A. 使用评分规则　　　　　　B. 使用典型的例子（样例）

C. 同时使用评分规则和样例　　D. 既不使用评分规则，也不使用样例

活动过程

课标要求

英语语言艺术·语言标准：

为了作出决定应用一些达成共识的规则和个人角色。

英语语言艺术·阅读和文学标准：

涉及相关的文学作品、艺术创作和同一时期的历史遗址。

按照收集整理信息、存档、呈现研究报告的步骤操作。

英语语言艺术·媒体标准：

利用有效的图像、文本、音乐、音响效果或图形制作媒体课件。

信息技术标准：

识别和记住一些浏览程序，识别网页的一些基本要素，复制一些图画以便制作幻灯片时使用。

在文件拷贝时要遵循学术和法律规范，了解学校关于互联网的使用政策，验证网站，电子资源的使用要标明运用的引文材料。

确定电子信息来源，并作出合适的选择；书写正确的引文来源；使用最适切的工具和其他同学沟通、交流研究成果。

【观察者点评】本部分罗列了英语语言艺术标准和信息技术标准中的一些条目，你觉得它们在整个课程设计中起到了什么作用？

【要点评议】

基于标准的教学就是教师在课程标准的引领下，系统化地、一体化地思

考目标、学习和评价等课程问题，从而优化教学程序、提高教学效率。其基本特征如下。

一、教学目标源于课程标准。教师必须要深刻理解课程标准，把握对学生的总体期望，并善于将学科课程标准分解整合，具体化为每一学年、每一单元、每一课时的教学目标。

二、内容选择适于教学目标。基于标准的教学强调教学目标对教学内容的引领和筛选作用，如果说传统的教学主要考虑的是"教什么"和"怎么教"的问题的话，基于标准的教学则要求在考虑这两个问题之前，首先考虑"为什么教"和"教到什么程度"的问题。教师一旦明确了这两个问题，就如同一个跋涉的人看到了旅行的终点，其方向就会更为明晰，步履也就会更为坚定。反之，缺少了教学目标的指引，教师就可能迷失在教科书和个人经验的丛林里。

三、评价设计先于教学设计。在基于标准的教学中，评价的设计要先于教学活动的设计。也就是说，教师在设计教学活动之前，已经很清楚在学习的过程中或者在学习之后，学生应该向教师、同学、家长等利益相关者提供什么样的成就来证明他们完成了自己的学习目标；已经很清楚自己将用什么样的方式让学生呈现这样的成就，比如识记能力可以通过纸笔测验，演讲能力可以通过现场答辩，交际能力、项目组织、制作能力需要通过作品展示等等；已经很清楚如何对教学活动的内容、形式、节奏作出调整和掌控。这种评价的目的不仅仅是给学生一个量化的分数（如85分）或质化的结论（如"你很优秀"），更重要的是要借助评价对学习进行诊断，评价的发生不是意味着学习的结束，而是意味着学习的持续改进甚至是重新开始。

当然，基于标准的教学不是要求所有教师教学标准化，也不是要求教师把课程标准当作教学设计的唯一的出发点，置学生的基础、教师的个性和考试的内容于不顾；相反，它赋予了教师更大的课程自主权，为教师突破教科书的"拘囿"、发挥自己的个性和特点提供了理论的支持和政策的空间。

过程介绍

学生在英语语言艺术课堂上都会读到《让圈被绵延不绝》(Let the Circle Be Unbroken),这是米尔德里德·泰勒(Mildred Taylor)所写的20世纪30年代发生在密西西比的故事,其主要人物是一些来自纽约以及南方的家庭成员。老师给学生介绍的背景资料是书中主要人物的经历,这些内容能够增强故事的刺激性和感染力。老师知道纽约这一时期的文化知识将加深学生对故事的理解。

她接着介绍了从20世纪20年代到40年代的哈莱姆文艺复兴,这段时期是黑人艺术家、歌星、音乐家、作家创作蓬勃发展的时期。她通过图片和播放音乐向同学们展示非裔美国人的艺术在那个时期的震撼力及对后世的深远影响。

【观察者点评】你认为在开展综合性学习活动之前介绍这些内容有必要吗?为什么?

简单概述之后,老师介绍了多媒体课件项目,这是他们在读这本书的过程中需要通过小组协作完成的项目。老师解释说,这一研究项目主要关注与哈莱姆文艺复兴密切相关的一些著名人物的生活和作品。学生可以使用互联网、印刷品、音像资料以及从图书馆和媒体中心获取的各式各样的材料。如果小组协作已经学会利用相关软件,也可以利用软件呈现相关材料。老师与教学技术人员已经作过周密计划,确保学生获取所需的技术技能,以达到预期的效果。

老师把全班学生分成六组,每组四个学生。每组发一个文件夹,其中包括活动程序安排、活动要点、团体和个人应该达到的预期目标及将被用于评估的评分标准。最后,她把兰斯顿·休斯、阿隆·道格拉斯、佐拉·尼尔·赫斯顿、贝西·史密斯、鲁斯·麦罗·琼斯、艾灵顿公爵六位艺术家分给各小组。

课程评价

每一组的项目必须包括艺术家生活的概述、艺术修养、哲学观、对哈莱姆文艺复兴和后世所产生的影响。每个学生都清楚地知道,他们会以团队和个人的双重身份被评估。因此学生必须:

- 完成该小组规划中适当数量的研究。(要由小组成员加以界定和评估)
- 至少设计与制作一张幻灯片。(提交前要交给老师核对)
- 要能声情并茂地对全班学生介绍自己,信息量要远远大于幻灯片上的内容。
- 对自己小组研究的人物要知之甚详,能周全地回答全班其他同学的质疑。

- 在必要的时候协助小组成员参与规划、研究和编辑。

每个小组根据班级安排作出小组计划,并给每个成员指派具体任务。教师巡视,组间比较,观察个体与群体动态,并根据需要提供必要的指导。然后学生合作确定初步研究的问题,并参观图书馆和媒体中心。

图书馆教师、教学技术专家和学校教师在互联网的使用、资料的筛选和图书馆资源的利用方面要相互协调,给学生必要的指导。教师要让学生了解图书馆的规则和政策,如搜索引擎的运用、网站的选择以及引用的规范等。同时还应确保学生了解著作权法的有关内容,以便正确使用从网上下载的材料。

一开始学生仅仅在课堂上进行研究,一旦他们能熟练地运用互联网,就可以在研究课上及放学后使用图书馆的电脑。一周安排3个课时让学生阅读和讨论《让圈被绵延不绝》,每个学生都要在周记上写出哈莱姆文艺复兴的研究对他们理解小说有何帮助。

当学生制作演示文稿时,教学技术人员要对演示软件进行综合性介绍,确保学生完成他们的研究,创造性地制作自己的幻灯片,并练习展示。教师要帮助学生下载和导入媒体文件到自己的演示中,并检查他们引用资料的来源。项目完成时学生核对自己的成果是否符合项目要求,小组成员要经常和老师交流并相互帮助。

成果展示

学生以小组为单位用大屏幕向全班学生展示自己的成果,每个学生轮流解说自己的幻灯片,并回答全班同学的提问,教师使用评分规则评估。每个小组的项目必须包括一个有意义的题目及对某个艺术家或作品的介绍,某个艺术家的一段重要引述并对其意义和作用作出解释,一张从网上输入的图像、与此相关的乐曲或者印刷材料。此外还要评估学生的周记。

【观察者点评】以上罗列的评价内容与第一部分的课程目标是什么关系?两者的区别和联系有哪些?

【观察者点评】你对评分规则这种评价工具有多少了解?能列举出它的主要作用吗?

问题研讨

本案例在课程设计上有三个显著的特点:

第一,活动主题的选择与教材中的经典篇目联系紧密,从而将课堂内外的学习很好地融合在了一起。从案例的"过程介绍"可以发现,本次学习活动是与名著《让圈被绵延不绝》的阅读同时进行的。学生对哈莱姆文艺复兴时期著名人物和作品的研究能够为名著的阅读提供坚实的背景,从而加深学生对作品内容和思想意义的理解。

第二,课程设计与课程标准紧密联系,体现了基于课程标准的教学设计理念。基于标准的教学是上世纪 80 年代末兴起于美国的教学革新运动。几乎各州都基于自己的情况制定了各个学科的课程标准,与我国的课程标准相比,他们的课程标准对学习结果的表述更为具体,因而也更具操作性,这就为教师的教学提供了很大的方便。本案例第一部分罗列了一些学科课程标准的条目(包括语言艺术和信息技术两个学科课程标准),而第三部分"课程评价"则是根据这些条目确定的本次活动的具体的学习目标,两者之间有着明确的对应关系。

第三,体现了以评价引领教学的理念。评价作为课程的四个要素之一,在整个课程实施中具有重要的作用,美国的语文教学特别重视评价的作用。在本案例中,语文教师在小组学习开始之前,就给每组发放了一个文件夹,其中不但有活动程序安排、活动要点,而且明确了团体和个人应该达到的预期目标及将被用于评估的评分标准。这样,学生就对活动需要提供的成果以及学习带来的认可做到了心中有数,从而产生学习的动力。相比而言,我国的语文课程标准尽管也单独列出了"评价建议"部分,而且分别针对"识字与写字"、"阅读"、"写作"、"口语交际"、"综合性学习"提出了详细的评价实施建议,但这些建议还没有引起我们足够的关注,还没有真正落实到教师的课程实践中。

资源链接

1. 崔允漷主编.有效教学[M].上海:华东师范大学出版社,2009.

2. 崔允漷,王少非,夏雪梅.基于标准的学生学业成就评价[M].上海:华东师范大学出版社,2008.

3. 王爱娣.美国语文教育[M].桂林:广西师范大学出版社,2007.

4. 申宣成.中英母语教科书综合性学习设计之比较——以英国《英语技能》和我国 4 套教科书为例[J].当代教育科学,2011(2).

后续学习活动设计

以下是《义务教育语文课程标准(2011年版)》规定的第四学段的语文综合性学习目标,阅读并完成后面的题目。

---

1. 自主组织文学活动,在办刊、演出、讨论等活动过程中,体验合作与成功的喜悦。
2. 能提出学习和生活中感兴趣的问题,共同讨论,选出研究主题,制订简单的研究计划。能从书刊或其他媒体中获取有关资料,讨论分析问题,独立或合作写出简单的研究报告。
3. 关心学校、本地区和国内外大事,就共同关注的热点问题,搜集资料,调查访问,相互讨论,能用文字、图表、图画、照片等展示学习成果。
4. 掌握查找资料、引用资料的基本方法,分清原始资料与间接资料的主要差别,学会注明所援引资料的出处。

问题:

一、将上述条目与本案例中所列的英语语言艺术的课程标准条目作比较,分析中美语文课程标准表述的差异。

二、根据表中所列的我国语文课程标准中规定的语文综合性学习目标,确定一个语文综合性学习活动的主题,并简要列出其实施程序。

小学语文综合性学习案例

怎么和孩子"聊"书
——班级读书会课例研讨

执教教师简介

蒋军晶,杭州市天长小学副校长,中学高级教师,浙江省教改之星,全国知名儿童阅读推广人,曾获全国第六届青年教师阅读教学评比一等奖,著有《和孩子聊书吧——提升儿童阅读力》(教育科学出版社)等。

课例导读

由于课程标准规定要鼓励学生多读书、读整本的书,近些年来,关于整本书的阅读指导日渐成为语文教学的热点之一。但在阅读指导的过程中,普遍存在着这样的误区:在引导学生分享自己的阅读体会时,大部分教师喜欢一直在课堂上追问学生"为什么"。如果我们设身处地地站在学生的角度思考,就会发现:这种追问给很多学生一种紧张感甚至胁迫感,让他们不敢轻易发言,因为他们觉得对某个问题并没有把握,而老师正在迫切地等待一个正确答案。

此处摘录的蒋军晶老师执教的两个"班级读书会"的教学实录片段,为我们走出这一阅读指导的误区提供了范例。蒋老师受《说来听听——儿童、阅读与讨论》、《童书三百聊书手册》等书的启发,尝试以"聊"书的方式指导学生的课外阅读。他的课外阅读指导课氛围轻松随意,师生彼此尊重,教学设计新颖,给人耳目一新之感。

通过这两个片段的研读,我们重点考虑以下两个问题:

1. 如何选择"聊"的话题?
2. "聊"书的方法有哪些?

热身活动

在阅读课例之前,请思考下面两个问题:

1. 在过去的一个学期里,你是否召开过班级读书会?如果开过,读书会给你最深的感觉是什么?请用两个关键词描述这种感觉。

关键词一:_____

关键词二:_____

2. 在指导学生阅读整本书的过程中,你遇到的最大困难是什么?

答:_____

教学实录

课例一

《毛毛》班级读书会实录片段

作品内容简介:

《毛毛》是德国著名作家米切尔·恩德的代表作。"毛毛"是一个不知来自何方的小女孩,她拥有常人所没有的"灵敏听力",她只用倾听的方式就能解决朋友们的问题和纷争。由于人们受城市里无处不在的灰先生蒙骗,醉心追求所谓合理化、机械化的生活,置亲情与良心于不顾,于是毛毛冒着生命危险,见到了时光老人侯拉师傅。在时间王国里,她发现了世界和人类的大秘密,即"时间就是生命"。生命的诞生即生命的花朵盛开,当生命结束时,又会有同样的生命之花再度绽放。知道这个秘密的她,回到了现实世界勇斗那些灰先生,并最终取得了胜利。势单力薄的女孩子竟能战胜强大的"现代恶魔"灰先生？这是不可思议的,但这个故事又常在我们每个现代人的内心世界里不断地上演着。精神的力量远远地超出物质的诱惑,这就是"毛毛"胜利的法宝。

《毛毛》是现代人诠释时间的最佳底本,是一本对现代物质社会进行尖锐批判的奇书,书中表达了对人类的无限挚爱,对人性回归的强烈渴望,是一本能同时感动大人和孩子的幻想文学的经典之作。

一、暖暖身,让大家对共同的话题感兴趣

师： 如果这个世界上有一个**时间储蓄银行**,时间像钱一样可以存起来,怎么存呢？那就是更快更紧张地学习学习再学习,放弃一切不必要做的事情。如果让你选择,你最不愿意节省的是下面哪一块时间？为什么？

【观察者点评】"时间储蓄银行"的想法很新颖！

学习	6小时
睡觉	8小时
吃饭	1小时
娱乐(看电视、看电影……)	1小时
聊天	1小时
玩(五花八门)	2小时
一个人呆一会儿(包括发呆)	0.5小时
和爸爸妈妈在一起	1小时
养小动物(鸟、兔子、刺猬……)	1小时
买东西	1小时
秘密	1小时

生： 我最不想节省的是"和爸爸妈妈在一起"的时间。

师： 为什么？你每天节省下一个小时时间,就意味着你每天比别人多一个小时学习的时间。学习好了,就意味着你能上好的大学,找到好的工作。时间是由分秒积成的,善于利用零星时间的人,才会作出更大的成绩来。

生： 爸爸妈妈年纪越来越大了,现在不享受和他们在一起的快乐,以后想陪他们也没机会,因为人总是有生老病死的。

生： 我最不想节省的是"玩"的时间。

师： 为什么？难道你没听说"玩物丧志"？时间就是金钱,时间就是效率。

生：我相信很多人和我一样喜欢玩。而且玩也可以玩出名堂,很多科学家的灵感是在游戏中得到的。

生：我最不想节省的是"睡觉"的时间。

师：一天才24小时,花8个小时来睡觉,是不是太浪费了?很多成功的人是经常废寝忘食地做事的。

生：只有吃好了,睡好了,身体才会健康,只有身体健康了,才能更好地学习工作。

师：无论我怎么劝,你们都不愿意把时间节省下来存进"时间银行"。其实,大家看过《毛毛》这本书后都知道,时间窃贼灰先生也是用这样的话来窃取人类时间的。

> 在讨论的开始阶段,抛出的话题应该轻松随意一点,不要过于"正统"。这个阶段的讨论看起来没有焦点,谈话随意,却能鼓励学生大胆进行脑力激荡,为后续的讨论奠定了基础。

二、引发矛盾,促进深入思考

师：灰先生讲的这些话,你们生活中听到过、看到过吗?

生：我的妈妈也对我这样说过。

生：我在我爸爸单位的墙上也看到过"时间就是金钱,时间就是效益"这样的话。

生：我在名人名言里也看到过类似的话。

师：生活当中经常可以听到这样的话,而且很多是名人名言。为什么这些话和灰先生的谎言一模一样呢?难道我们的家人,还有那些名人和灰先生一样是骗子?说的都是谎言?难道他们说这些话也有什么不可告人的秘密?

◇ 时间就是金钱,时间就是效率。

◇ 未来属于节省时间的人。

◇ 荒废时间等于荒废生命。——川端康成

◇ 时间就像海绵里的水,只要愿挤,总还是有的。——鲁迅

◇ 时间是由分秒积成的,善于利用零星时间的人,才会作出更大的成绩来。——华罗庚

◇ 有时我想,要是人们把活着的每一天都看作是生命的最后一天该有多好啊!这就可能显出生命的价

> 学生经过暖身阶段的混沌之后,渐渐地,讨论就要聚焦到一两个重要的议题上。如果这个议题能真正激起孩子进一步思考和讨论的欲望,聊书就已经成功了一半。

值。——海伦·凯勒

◇ 消磨时间者，亦必消磨事业。——福布斯

生： 这些名言并没有错，都有道理。

师： 那我就觉得奇怪了，灰先生说这些话，你们觉得是谎言；我说这番话，你们不愿意接受；名人说这番话，你们就觉得有道理。这是为什么？

生：（学生一时语塞，思考）

三、适当点拨，聊出新意

师： 现在这个社会为什么会出现这么多希望大家"节约时间"的名人名言？

生： 因为现在的生活节奏太快了，竞争太激烈了，你不努力，可能就要被这个社会淘汰。

师： 那你们为什么又觉得像"毛毛"那样放慢节奏生活也是对的呢？

生： 因为快节奏生活给人们带来金钱（丰厚的物质回报）的同时，也让人们感觉精神越来越疲惫，乐趣越来越少，身体越来越差。

生： 而且慢并不是做事不讲效率，并不是去选择懒惰，而是在生活的快与慢之间寻求一种平衡。

师： 那还有一点我不明白，像鲁迅，像华罗庚，他们总是超负荷工作，陪伴亲人、拜访友人的时间也很少，而且他们的健康每况愈下，你们觉得值得吗？

生： 他们是在做自己特别喜欢的事，做自己觉得有意义的事，他们这样努力地工作不完全是为了金钱、为了追求毫无意义的名利。

> 在聊的过程中，老师要认真倾听，尽量让孩子多说，同时要及时反馈，这种反馈要真诚，不轻视任何浅显的看法，不简单用"好坏对错"评判孩子的意见。

师： 就像书中时间老人说的："时间是生命而不是金钱。"

四、拓展到自己的生活，增加与生活的关联

师： 刚才我们都是把自己作为一个局外人来讨论对于"时间"的看法的，因为事不关己，大家都说得挺轻松的。下面的讨论就跟我们的生活有关系。我给你们在座每一位同学的爸爸或者妈妈写了一封信，让他（她）们衡量一下自己的生活节奏应该加快还是放慢。

师： 哪位是应奇才家长的孩子？（一学生站起来）你觉得你爸爸的生活节奏应该加快还是放慢？

生： 蒋老师，我爸爸也是个老师，我觉得他教高中很辛苦，每天6点就起床了，晚上还要批改作业，总是停不下来。我希望他能注意休息，但是我相信他不会这么做的。

师： 听听你爸爸是怎么说的吧。"我觉得很忙很累是应该的，人在工作时就应该是忙碌的，工作时就应该精益求精。况且现在社会竞争压力大，谁不希望收入再高点、荣誉再多点？对我们小老百姓而言，只能为生计而奔波。"——应奇才（家长）

师： 哪位是范建芬家长的孩子？（一学生站起来）你觉得你妈妈的生活节奏应该加快还是放慢？

生： 老师，我觉得妈妈一定要放慢生活节奏了。我妈妈每天睡觉的时间只有四五个小时（惊呼），我不希望妈妈为了工作把身体搞垮了。

师： 你觉得你妈妈会听你的建议吗？

生： 可能不会。

师： 听听你妈妈是怎么说的吧。"当然愿意在轻松、愉悦的环境下工作，但我现在已不能改变我的状况。人到中年，工作压力大，竞争激烈，我惟有复杂的事情简单做，简单的事情重复做，兢兢业业，才能在工作上得到大家的认可，才能留在单位继续工作。有些事情现实与想象是有距离的。"——范建芬（家长）

师： 沈丽滢同学的家长在回信中是这样写的："现在竞争激烈，偶尔被灰先生光临过是很正常的，但是我们并不像文章中描写的那样，我们在拼搏中懂得如何生活，如何享受生活。"你能简单地介绍一下你们家是如何享受生活的吗？（笑）

生：（非常开心地介绍）

……

师： 同学们，你们发现没有，大部分家长，也就是我们大人都觉得自己被灰先生偷去了一部分时间，但是又都觉得没法改变。例如楼嘉铭同学的爸爸说："人在江湖，身不由己。想法是美好的，现实是残酷的。"夏启涛同学的妈妈说："我觉得灰先生已经偷走我太多的时间，我很想找回属于自己的时间，但是又无能为力，我也很想轻松地工作，轻松地生活，能有闲暇时间和孩子们亲切地交谈、玩耍，能有时间陪家人共享欢乐时光。但是这一切都不太容易

【观察者点评】老师读了这么多家长的信，其用意何在？

做到,因为现在是一个让灰先生偷走了时间的社会。我想改变现状,但我又很无奈。"听了爸爸妈妈的话,能说说你们的看法吗?

(开始新一轮讨论)

【要点评议】

  一个好的聊书人,除了善于提问,还要善于建构话题,通过话题联结"书本"与"生活"。一位老师和孩子们聊了两年《西游记》,所聊话题均是从《西游记》故事情节、人物境遇引申出来的生活话题。例如"如何好好地生气?"、"平凡要点评议:平凡好,还是不平凡好?""诱惑并不可怕"、"只会哭是没有用的"、"关注你的拳头"等。很明显,这些话题在暗示孩子读书时可以思考"这本书可以为我们带来什么启发,可以改变我们什么"。这堂聊书课通过"聊"爸爸妈妈的信让所有的家长也参与到聊书中来,使孩子们觉得书真正进入到了他们的生活中。这一设计可谓颇具新意。

课例二

《疯羊血顶儿》班级读书会实录片段

作品内容简介:

  《疯羊血顶儿》是沈石溪创作的一部风格独特的作品,它描述的是盘羊与狼群生死搏斗的故事。一只叫"血顶儿"的盘羊,在诞生之际就遭遇了母羊被狼群噬杀的惨剧。那一片血光成为"待定式记忆",永远笼罩在血顶儿的眼前,改变了它作为盘羊原本与生俱来的软弱温和的属性。它将生命中的大部分时间用于强制改变羊角生长的方向,痛苦而顽强地将本应随后盘曲的羊角,在石头缝里一点点扭转成向前生长的利角,而它所做的这一切(忍受生理的痛苦、种群的歧视),都只是为了一个信念:找杀戮母羊的狼群复仇!最后,当血顶儿为了保护大家,用尽生命的力量和狼去对峙时,它的伙伴,那些漂亮的羊们,却欺骗了它,把它遗弃了……

柔弱的盘羊为什么能生存下来?
——能力培养侧重点:知识获取、梳理、整合

师: 同学们,读书有一个好处,就是增长见识。你读了《疯羊血顶儿》之后,获得了哪些新的知识?哪些是原先不了解,读了《疯羊血顶儿》之后知道的?(十几位学生介绍自己看了《疯羊血顶儿》之后了解到的新知识,例如盘羊的"幼稚态"很短等)

师: 同学们,刚才你们说了很多读书之后了解的一些新知识,这些知识都是零散的,彼此之间好像没什么关系。其实,我们可以通过某一个问题或线索把这些知识梳理一下。比方说,我们可以思考"盘羊的哪些特点保证了他们这个族群在弱肉强食的动物世界里能生存下来?"

【观察者点评】提示读书的方法。

师: 大家可以拿出自己的"读书单一"(见下页)讨论,相互补充。

生: 盘羊非常警觉,能及时发现敌情,而且跑得也非常快,这保证了他们这个族群在弱肉强食的动物世界里能生存下来。

生: 盘羊的幼稚态很短,几分钟之后,刚出生的羊羔就可以自如行走,如果像人一样,十多个月之后才能蹒跚学步,应该活不下来。

生: 盘羊的生活环境很恶劣,几乎每天都有生离死别,但它的"悲痛期"很短,能比较快地从失去亲人的痛苦中走出来。

生: 盘羊是"和平型争偶"动物,它们的角是盘着的,所以争夺配偶的时候,不会有伤亡。

生: 我接着刚才那位同学的发言补充,盘羊跟其他很多动物一样,身强体壮的公羊才能争夺到交配权,因此盘羊也是优生优育。

生: 还有,母盘羊分娩之后,身体也能很快恢复,不像人那么娇气。

生: 还有,盘羊群里,为了生存,一些老弱病残的羊,经常被整个羊群抛弃。它们觉得这样做是为了大家的利益,是很自然的事。

生: ……

读书单一

> 盘羊的哪些特点保证了他们这个族群在弱肉强食的动物世界里能生存下来?

【要点评议】

在聚焦要讨论的问题之前,老师先让学生自由地谈谈从阅读中获得的新知识,这样的一个"暖场"的活动,不但营造了轻松自由的氛围,也为后续的讨论做好了知识的准备,可谓一举两得。需要特别指出的是,老师设计的读书单很有特点,它采用思维导图的方式,以图形直观地呈现了作品内容之间的联系。这种从文到图的转换,对于培养学生思维的形象性和条理性很有助益。

哪些关键事件导致盘羊数量的直线下降?怎样写这些关键事件?
——能力训练侧重点:问题分析、文学赏析及简单评论

师:我们刚才讨论了,盘羊的很多特点保证了它们的族群能够延续下去。但是,这本书里的奥古斯盘羊群却在短短的时间内数量迅速下降,从60多头,降到30多头。比我们的股票跌得还快(笑)。大人都在从各种角度分析股票迅速下跌的原因。今天,我们也来思考:"既然盘羊有特定的生存本领,为什么奥古斯盘羊群会在短时间内数量直线下降?"

> 【观察者点评】教师善于从无疑处生疑,激发学生思考的兴趣。

课例研究工作坊　117

师：大家可以拿出自己的"读书单二"（见下页），我发现有的同学写了五六个理由，老师希望讨论之后，每个同学最多保留相对重要的两个理由。（讨论）

生：我觉得是因为黑母狼大开杀戒，不断地杀害羊崽和母羊。原来狼吃羊每次只吃一头，就不会威胁到羊群的生存。

生：我觉得是好多羊把羊角拉直磨尖的缘故，羊这种"和平型争偶动物"变成了"战争型"争偶动物，因此争偶的时候死了好几头公羊。

生：我觉得关键的原因是血顶儿自己把羊角拉直了，并且挑杀了狼崽，所以有了后面的许多事情。

生：我觉得导致奥古斯盘羊群数量迅速下降的最关键的一件事是，血顶儿眼睁睁地看着母亲被黑母狼杀害，才有了后面一系列报复行动。

生：……

师：是啊，小事件可以决定大历史。其实我们仔细想想，在整本书中，作者也就写了四五件我们刚才说到的"关键事件"，就是这些关键事件影响了盘羊群的生存，推动了故事的进展。我们是五年级的孩子了，以后会越来越多地读长篇小说，这些小说可能写了某个人的一生，甚至时间跨越几百年，但仔细一读，你会发现，作者也就写了几个关键事件。

师：既然是关键事件，就要不惜笔墨地写，例如第一个关键事件——血顶儿眼睁睁地看着母亲被黑母狼杀害，前后实际发生的时间不过两分多钟，作者却写了8页（学生当场数）6000多字。请你们再重读这个片段，在读书单上写下你的读后感，你来评一评作者花这么长篇幅，这么具体细致地写这件事好不好。

【观察者点评】整本书阅读指导的关键就在于从紧要处入手。

生：我觉得这样写很好，正是这一幕，给"血顶儿"留下了难以磨灭的印象，为它的复仇计划埋下了伏笔。

生：我补充一下，沈石溪叔叔在书中介绍了，羊的悲痛期很短，但是整个故事都在写血顶儿一定要为母亲报仇，悲痛期又很长，所以有点自相矛盾。如果这里不细致地写血顶儿母亲被害的经过，就更没法解释这种矛盾了。所以，我觉得应该这么写。

生：我觉得这样写很好，狼杀羊的片段很精彩，能体现狼的无情、凶残和羊的懦弱,让人有读下去的欲望。

生：我觉得这样写不好,因为这样写暴力倾向太强烈了,太血腥了,晚上看了会做噩梦的。因为这毕竟是给青少年看的,我觉得可以写得很细致,但不要这么血腥。

生：我觉得这样写没什么不好啊,本来狼吃羊就是天经地义的事情,是很正常的食物链现象,写的时候我们为什么要去回避呢,动物世界本来就是这样的嘛！

生：我倒觉得作者写得还缺乏一些创意,我看了几本动物小说,好像其他人也是这样写的。

生：(各抒己见,争论不休)

【观察者点评】一石激起千层浪,教师选准了切入点,学生自然有话要说。

读书单二

故事中的关键事件

故事开始

奥古斯盘羊群有盘羊60多头

奥古斯盘羊群有盘羊30多头

奥古斯盘羊群有盘羊40多头

故事结束

你认为影响到奥古斯盘羊群数量迅速下降的"关键事件"有哪些呢？

关键事件一：_____

关键事件二：_____

关键事件三：_____

如果你是作者，你会安排谁取得胜利？
——能力训练侧重点：问题分析、价值判断

师：同学们，故事到了最关键的时刻，黑母狼与血顶儿面临一次决战，不是你死就是我亡。假如你是作者，你来决定故事的结局，你会安排谁赢得这场决战的胜利呢？请大家拿出"读书单三"（见下页），如果你非常坚决地选择让血顶儿赢，那你在"3"上画一个圈，并简要地写下原因；你也可以在"2"上画一个圈，那说明你虽然最终选择让血顶儿赢，但心里有些犹豫；而选择"1"则说明你心里很矛盾。同理，你可以选择"－1"、"－2"、"－3"。（经过统计，选"3"的5人，选"2"的6人，选"1"的12人，选"－1"的6人，选"－2"的3人，选"－3"的9人）

> 让学生来决定故事的结局，这是一个高度开放的问题。它可以充分调动学生阅读理解和体验的积极性，为学生表达自己的思想提供了巨大的空间。

生：我选择"3"，是因为血顶儿太可怜了，他要为母亲报仇并没有什么错，在很多故事里，正义总是要战胜邪恶的。（老师提醒同样的理由不重复）

生：我选择"3"，是因为在现实世界当中总是狼战胜羊，在小说里面，羊为什么不能战胜狼呢？

生：我也选择"3"，其他的羊都很懦弱，听天由命，而血顶儿却敢反抗，我觉得他很了不起，如果他输了，好像让我们觉得，面对邪恶我们不能抗争。

生：我选择的是"－3"，因为这个世界就是弱肉强食的世界，大鱼吃小鱼，小鱼吃虾米，这是自然规律，这是没法改变的，只有狼赢了，故事才更真实。

生：我选的也是"－3"，我觉得血顶儿从头到尾都是想报私仇，他根本没有考虑大家的利益，他的报仇行动给大家带来了很大麻烦。

师：在这次选择中，选择"1"或"－1"的同学内心的想法极其复杂，大家非常想听一听。

生：我选的是"1"，我最终决定让血顶儿赢。但是我觉得黑母狼其实也挺可怜，她也是一个母亲，她的孩子像冰糖葫芦一样被血顶儿挑死，其实她也值得同情。

生：我选的是"—1"，从理智上讲，我希望黑母狼会赢，这是规律，狼总是比羊强大的，而且如果让血顶儿赢的话，其他的羊都会学他的样子将盘曲的角拉直，这样会影响整个盘羊家族的生存。但在情感上，我还是希望血顶儿能赢，血顶儿太可怜了，他死了，整个故事太悲伤了。

生：（发言很多，不一一记录）

【观察者点评】用数轴的方法表现自己的想法，可以说是用数学的方法教语文，可见设计者的思路非常开阔。

读书单三

黑母狼战胜"血顶儿"					"血顶儿"战胜黑母狼		
−3	−2	−1	0	1	2	3	

理由：_____

理由：_____

_____

1. 站在"绕花顶"的角度想想，重读"绕花顶"的心理描写（p36，p65，p138……）。
2. 站在"金蔷薇"的角度想想，重读"金蔷薇"的心理描写（p89……）。
3. 重读"血顶儿"关键时刻的所做所为。

尾声：你有什么问题想讨论

师：同学们，这两节课大家主要是围绕老师的问题展开讨论，其实我知道，大家心里一定有问题想问，想和大家交流。最后的时间，大家就把心里的问题说出来。课后，三三两两，大家随时可以展开讨论。

生：作者为什么把书名定为《疯羊血顶儿》呢？难道沈石溪叔叔真的认为血顶儿疯了吗？

生：我不太相信羊把角拉直可以战胜狼，这是不是作者"造"（虚构）的？而且，盘羊真的可以通过自己的努力把羊角拉直吗？

生：沈石溪叔叔为什么要把整个故事写得那么血淋淋，他自己是怎么想的？

生：沈石溪叔叔为什么会那么了解动物呢，他是不是和我们一样是从网上查的？

……

【要点评议】

在尾声部分，老师为学生提供了发问的机会，这是非常重要的。因为阅读是一种高度个性化的活动，对于同一篇作品，不同的学生会有不同的阅读体验。对于班内共同讨论的问题，学生们也肯定会有不同的看法。让学生把自己的体验和问题说出来，对于发现阅读中的深层次问题、培养学生的质疑能力至关重要。

问题研讨

在引导学生进行整本书的阅读时，蒋军晶老师很欣赏"聊书"的方式，并进行了卓有成效的尝试。通过以上两个课例的片段，我们发现他在与学生"聊书"时，主要关注了以下几点。

一、选择有意义的话题

语文教学中有句非常有名的话："教什么永远比怎么教更重要。"这句话强调了选择教学内容的重要性。如果我将这句话套用到"聊书"中，就可以得出这样的判断："聊什么永远比怎么聊更重要"，由此可见话题选择的重要性。好的话题就像是一个支架，借助它，学生就可能在自然、随性和从容中走入作品的深处，探究文字背后的内容。

话题的确定有两条途径。一是由学生提出，二是由老师提出。

读书贵在有疑。宋代陆九渊说过："为学患无疑，疑则有进。"蒋老师在与学生"聊书"时，就非常注意创设各种各样的情境来鼓励学生提问，从中发现值得讨论的有价值的话题。而当老师把质疑的权力交还给学生时，学生也总是能给教师以惊喜。"作者为什么把书名定为《疯羊血顶儿》呢？难道沈石溪叔叔真的认为血顶儿疯了吗？""为什么大人比小孩更容易上灰先生的当？""我不太相信羊把角拉直可以战胜狼，这是不是作者'造'（虚构）的？"仔细分析学生的问题，你会觉得他们的思考涉及了阅读文学作品的各个侧面：有价值的判断，有情感的体验，也有方法的鉴赏。

当然，老师也可以根据文本自己来确立共同讨论的话题。如《毛毛》一书是围绕"时间"的话题展开讨论的，《疯羊血顶儿》则是围绕盘羊的遭遇和命运这一话题展开的。这些话题都关乎作品的主题，而且开放性很强，可以最大限度地调动学生的阅读积累和生活体验，引发学生脑力激荡和思想碰撞。无怪乎在听过蒋军晶老师的《疯羊血顶儿》"聊书"课后，连小说的作者沈石溪先生也由衷地赞叹说："蒋老师确实是位有经验、有思想的语文老师。孩子们的阅读兴趣完全被他调动起来了。蒋老师在课堂上对《疯羊血顶儿》的导读及孩子们谈到的一些问题，对我很有启发。如羊对苦难的记忆短、每人设计狼羊搏杀的最后结局，等等。"

我们还注意到，在引导小学高年级的学生聊书时，蒋老师的话题并没有局限于讨论作品的人物关系和故事情节上，而是借助对作品的分析、比较与统整，提升学生的文学鉴赏力。如在《毛毛》一书的"聊书"课中，他就尝试引导学生接近、认识"幻想小说"中比喻与象征手法的运用，学生聊得也是兴趣盎然。

当然，既然是"聊书"，话题就要尽可能自然些、随性些，要让话题与儿童文学作品天马行空的想象相适应，而不能标签化和成人化，正如蒋军晶老师所说："儿童文学具有教育的功能，却并不以此作为自己唯一的归宿。孩子们为什么喜欢儿童文学？因为他可以从中看到多姿多彩的风景，认识形形色色的人，经历许许多多的事……在班级读书会中，孩子们要交流的要说的，就是书中一件件具体的事，一个个具体的人……而不是归纳、总结、提炼什么思想认识。"

二、设计有新意的形式

优秀的儿童文学之所以"让人愉快"，就在于它趣味盎然，引人入胜，是一种有趣的文学。同样，我们在"聊书"时，也要尽可能采取各种自然而活泼的形式，让孩子真正体会到"聊"的兴趣。例如我们可以让孩子表演书中的情节，可以让孩子为书配画，可以围绕书中的一个话题展开辩论，可以将教室布置得非常休闲，鼓励孩子们围绕书"闲聊"、"侃大山"、"摆龙门阵"等等。如在《毛毛》一课的导入环节，老师为学生提供了一个"储蓄时间"的活动；在《疯羊血顶儿》一课中，老师设计了三个别具一格的"读书单"；在《草房子》一课，老师则把学生分为四组，每组认领书中的一个角色。通过这些生动活泼的形式，孩子参与讨论以及进一步阅读作品的兴趣被点燃了。当然，形式的选择最终是为内容服务的，无论是采用哪种形式，"书"仍然是"聊"的主题、"聊"的根本，否则就会本末倒置、游离主题。

三、创造自由宽松的气氛

班级读书会就是"聊"书，这是一种不周严但又切入本质的说法。正如一位老师所说，"聊书"使人感觉到一种亲切，一种惬意，正如知心朋友在一起聊天一样，它没有约束。卡尔·罗杰斯认为："成功的教学依赖于一种真诚的理解和信任的师生关系，依赖于一种和谐安全的课堂气氛。""聊书"尤其需要这一份宽松和自由。有的老师在组织班级读书会时，活动形式设计得活泼新颖，但在组织程序上，安排了主持人一本正经地串联，每个小组的汇报次序分明，台上台下井然有序，不允许随便讲话，俨然一台演出。有的老师话题设计得很有意思，但老师自己讲得太多，引导、点拨得太多，并且刻意地使用一种主持人式的语言，这些"端架子"的课，虽然看上去非常严密有序，却可能在很大程度上束缚了学生的创造力。

或许正是为了规避这种"端架子"的情况，蒋老师对"聊书"的方式才如此情有独钟。而在"聊"的过程中，他也在努力去除师生之间的隔膜和课堂气氛的严肃性。具体表现在以下几个方面：

一是注意倾听学生的声音，让学生尽可能多地去发言。我们发现，在抛出了一个话题之后，教师总是让尽可能多的学生去发表自己的意见。

二是鼓励学生质疑，并悦纳学生对问题的不同看法。如在《疯羊血顶儿》一课中，教师引导学生针对作品描写母羊被噬杀的场面发表看法，学生提出了截然不同的意见，出现了各抒己见、争执不下的局面，此时，教师没有武断地判定谁是谁非，表现出对学生独立思考的支持和悦纳。

三是保持适度的幽默感。幽默感是化解紧张气氛的良药，教师适时的幽默，不仅能缓解紧张的气氛，拉近师生的关系，而且能激发学生的创造力。如在《毛毛》一课中，蒋老师用了"时间储蓄银行"的比喻，而在《疯羊血顶儿》一课中，则用股票大跌比喻奥古斯盘羊数量的锐减，这些都大大增强了课堂的幽默感。

资源链接

1. 周益民主编. 上读书课啦：班级读书会案例精选[M]. 北京：北京师范大学出版社，2007.

2. 蒋军晶. 和孩子聊书吧：让孩子爱上阅读[M]. 北京：教育科学出版社，2013.

3. (英)钱伯斯著,许慧贞,蔡宜容等译. 打造儿童阅读环境[M]. 海口:南海出版社,2007.

4. http://en.wikipedia.org/wiki/Book_talk.

后续学习活动

以下是蒋军晶老师执教的班级读书会《草房子》的教学实录片段,请从话题选择和气氛营造等方面对其进行具体分析。

在《草房子》的班级读书会中,我把学生分成了四组,分别代表《草房子》中的四个主要人物:桑桑、杜小康、秃鹤、细马,然后宣布从四人当中选出一名"最佳少年"。因为学生热衷于竞赛,因此他们竞相用书中的事例、细节证明自己是四个人中最调皮的孩子,最英俊的孩子,最有出息的孩子,最幸福的孩子……

片段一

师:觉得自己是四个人中最调皮的请举手!

师:桑桑这一组举手的特别多,看来确实觉得自己挺调皮,你都做过哪些调皮的事啊?

生(桑桑):我把家里的橱柜的腿都锯了,改装成鸽笼了,妈妈气得不行。

生(桑桑):我用家里的蚊帐到河里去抓鱼。

生(桑桑):夏天最热的时候,我把棉袄穿在身上,因为我一直感到奇怪,为什么棒冰裹在棉被里不会化,可能夏天穿得越厚越凉爽。

生(桑桑):有一次,我把爸爸最珍贵的荣誉本拆了,装订书本……

师:那次你爸爸确实挺生气的,不过你也是为了帮助别人,你是为了——(生接)给杜小康做一本语文书。

师:同学们,我初中的时候看过一本书,作者是我国著名画家、散文家丰子恺。书里有一篇文章《梦痕》,《梦痕》里面有一个人物"五哥哥",太调皮了,调皮成什么样呢,我们一起来看一看:

"他的行为的顽皮,我现在想起了还觉吃惊。他用手捉住一条大蜈蚣,摘去了它的有毒的钩爪,而藏在衣袖里,走到各处,随时拿出来吓人。他有时偷偷地把这条蜈蚣放在别人的瓜皮帽子上,让它沿着那人的额骨爬下去,吓得那人直跳起来。有时怀着这条蜈蚣去登坑,等候邻席的登坑者正在拉粪的时候,把蜈蚣丢在他的裤子上,使得那人扭着裤子乱跳,弄了满身的粪。"

师:你们觉得"五哥哥"的调皮与桑桑的调皮一样吗?

生:我觉得"五哥哥"更调皮,更厉害。

师:你这个角度还真没想到,还有不同的地方吗?

生2:我认为五哥哥十分大胆,比桑桑大胆些。桑桑调皮的时候是拿自己做实验,比如说把棉袄穿在身上,没吓唬别人,可五哥哥他太调皮了,去损别人。

师:你看看桑桑是自娱自乐,五哥哥是拿别人做实验,损别人。从这个"损"字里面我就感受到五哥哥的贪玩调皮……(生接:太过分了。)

师:是的,太过分,做什么事都不能太过分。

片段二

师:好,最后的决赛开始了。请大家到上面来讲,我是最××的人,然后举例告诉大家。

生(杜小康):我是一个最敢做敢当的人。有一次,我和桑桑不小心使草坪着火了,当校长知道这件事之后,当着全体师生的面问谁放了这场火,我敢站出来说是我放的。

生(细马):我是一个最有孝心的人。自从我的爸爸去世以后,我为妈妈造了一座房子,完成了爸爸没完成的心愿,而且当妈妈伤心的时候,我就开导她……所以我觉得我……

师:大家都是特别喜欢有孝心的孩子。

生(秃鹤):我是最有自尊的人。那次会操我的秃头让大家出丑了,大家都不理我了。我并不是想故意给学校抹黑,我是想用这种特有的方式告诉大家我也有自尊……

师：你是一个最有自尊的人，还有吗？

生(秃鹤)：我是一个头发最少的人。（众大笑）因为我是一个十足的小秃子。

师：头发最少还变成优势了。那你(指桑桑)呢？

生(桑桑)：我觉得我是一个最有礼貌的人。大家都管秦大奶奶叫老太婆，我和她初次见面就有礼貌地叫"奶奶"。

师：所以秦大奶奶特别喜欢你，只有你叫她——

生(亲切地)：奶奶。（众笑）

……

阅读线索的梳理和阅读话题的设计
——《一年级大个子二年级小个子》课例研讨

执教教师简介

岳乃红,扬州市维扬实验小学高级教师,儿童阅读推广人,"亲近母语"课题组核心成员。著有《班级读书会 ABC》(北京师范大学出版社),发表多篇关于阅读指导的论文。

课例导读

本课例是岳乃红老师 2012 年 11 月 5 日在广西省柳州市文慧小学三(1)班上的一节关于整本书阅读的观摩课。教学内容是日本著名儿童文学作家古田足日的作品《一年级大个子二年级小个子》。该书讲述了这样一个故事:小男孩正也是一年级的大个子,但胆子很小,爱哭鼻子。小女孩秋代是二年级的小个子,但很坚强、勇敢。他们之间发生了许多好玩的故事。为了去找美丽的紫斑风铃花,正也一个人步行到很远很远的树林,一路上他害怕、犹豫,甚至想哭,但他坚持走下去,终于走进树林,摘到了美丽的紫斑风铃花。秋代带着正也的妈妈四处寻找,几经周折,终于找到了正也。秋代找到正也的那一刻,他们都觉得自己一下子长大了许多。

指导学生"多读书、读好书、读整本书"是语文课程标准提出的明确要求,然而,由于教学时间、学校条件等因素的制约,很多教师并没有落实课标的要求。有些教师虽然给学生提供了阅读的书目,但是由于在整本书的阅读指导方面缺少经验,学生的阅读完全处于放任自流的状态,教师既不知道学生读得怎么样,也无法针对学生的阅读情况进行适时的指导,阅读的效果受到了很大的影响。

岳老师在指导学生阅读整本书的过程中,总结出了三种基本的教学模式,即导读型、交流型和比较型。本课属于交流型,实施这种课型的目的在于共读一本书后围绕一些话题对整本书进行交流,彼此分享不同的观点,提升对文本的理解。提供这个课例,我们试图帮助老师们解决以下几个问题:

1. 如何做到"长文短教",在短短的一个课时中交流整本书的内容?

2. 如何围绕内容的主线确定研讨交流的话题？
3. 如何在阅读交流中融入价值观的指导？

热身活动

在阅读此课例之前，请回答下面的问题：

1. 在过去的一学年，你给学生推荐过哪些课外阅读书籍？请写出其中两本书的名字。

第一本书：_____；

第二本书：_____。

2. 你读过有关如何指导学生阅读的专业书籍吗？如果读过，你觉得其中对你启发最大的一本是_____。

3. 针对整本书的阅读，你使用的指导方法有哪些？请在下面的选项前打钩。

A．提供书面的阅读指导　　　　　B．拿出专门的阅读指导交流课

C．提供其他的书指导学生比较阅读　D．组织班级读书会

E．让家长参与到阅读活动中

F．用手抄报、剧本表演等形式交流阅读成果

教学实录

一、整体感知主要内容

师：孩子们，让我们先听一段清新的音乐（画面出示"紫斑风铃花"）。你知道这是什么花吗？

生：这是紫斑风铃花。

师：哇，你一下子就知道了。我想问一问，紫斑风铃花你之前有没有听说过？

生：听说过。

师：在哪里听说过的？

生：在《一年级大个子二年级小个子》的书上。

师：那以前有没有见过？

生：没有。

师：以前，我也从来就不知道有一种花叫紫斑风铃花，我第一次知道紫斑风铃花也是在我们小朋友手里的这本书上面。这本书有一个非常好玩的名字，我们大声地念给老师们听一听。

【要点提炼】
环节一：紧扣书名展开交流，要求学生用一两句话介绍书中的主要人物。

生：一年级大个子二年级小个子（学生拖腔）

师：哎呀，我们可不能这样念，听我念，一年级大个子二年级小个子，我们再来一遍。

生：一年级大个子二年级小个子。

师：真好。读完了书，能不能说一说"一年级大个子"是谁呀？叫什么名字？

生：一年级的大个子叫小川正也。

师：好，我们叫他正也（教师板书：正也）。"二年级小个子"呢？

生：秋代。

师：是秋代（教师板书：秋代）。刚才小朋友还说了一个名字，叫什么？

生：真理子。

师：（教师板书：真理子）真理子的个子也挺小的，不过要比秋代稍微高一点点，所以这书上的二年级小个子更多的是指谁呀？

生：秋代。

师：说得好，谁来给我们介绍一下秋代和正也呢？先来说说秋代吧，谁来说？秋代是个怎样的孩子？

生：秋代是个勇敢的女孩子。

生：秋代是个坚强的女孩子。

师：说说正也。

生：正也是个胆小的男孩子。

师：胆子特别小的男孩子。

生：正也是个爱哭的孩子。

师：特别爱哭鼻子。

生：正也是个胆子小，爱哭鼻子的，而且块头又大的一年级孩子。

师：哇，她真会说，她把正也的三个特点都说出来了。他个子特别的高，他的胆子特别的小，而且还特别爱哭鼻子。看来我们小朋友对这本书的了解还真是挺多的。来，看看这本书（教师手拿这本书），我们打开书以后，你们有没有注意到书的最前面有一幅图？

【要点提炼】
环节二：引导学生关注书前的一幅图，了解学生是如何阅读这幅图的。

生：注意到了。

师：哪些小朋友注意到了请举手。

（不少学生举手）

师：哇，这么多小朋友都注意到了。我想问一问，你在读这本书时，有没有一边读读书，然后再翻到前面来看看这幅图？看一看故事讲到这里，故事发生的地方究竟在地图上的哪里？有没有？

生：有。

师：哪些小朋友是这样做的？手举高一点。真棒！请把手放下。读这本书，我们就是要这样去读。要一边读书，一边去看看这幅图，看看故事到底是在什么地方发生的，这样的话，我们就能更清楚地了解故事的内容。你看，我们文惠小学的小朋友真会读书。

好了，我们来看看这幅图吧，既然我们说这个故事中有这样几位小朋友，谁来为我们在地图中找一找秋代、正也、真理子的家在哪里？

（一位学生对照图片指出了秋代、正也、真理子的家）

师：非常准确，谢谢你。那么在秋代和正也之间发生了很多故事，这些故事都发生在什么地方呢？你能不能上来给我们做一个介绍呢？来，这个女孩子到前面来，指着图说。

（学生在教师的引导下介绍秋代和正也之间的故事）

师：哦，你看她说得多好呀！真不错。还有哪位小朋友上来说说他们之间发生的故事？

生：正也妈妈批评过正也之后，正也就到摘紫斑风铃花的原野去摘紫斑风铃花。之后，秋代和真理子一起去找正也，正也就抱着很多紫斑风铃花，向秋代说："秋代，我给你摘到了很多紫斑风铃花。"

师：哦，我听懂了。这个地方是正也摘紫斑风铃花的地方，你能不能说一说正也为什么要去摘紫斑风铃花？

生：因为妈妈说他之后，他就想离家出走。

师：他为什么要去摘紫斑风铃花呢？

生：因为他想帮秋代摘一些紫斑风铃花，上次秋代摘紫斑风铃花的时候，被三个骑自行车的三年级的小男孩把花轧碎了。

师：记得真仔细，把掌声送给他。你叫什么名字？

生：我叫杜泽成（音）。

师：**杜泽成，我记得你的名字了，就像我记得秋代、正也的名字一样。**

【观察者点评】这样的表扬与"你真棒"之类的话相比有什么好处？

那好，我们一起来回忆一下。秋代和正也相识在这个原野，可是第一次当他们相识的时候，秋代并没有对正也留下什么好印象，因为正也是一个爱哭的男孩。

这里是秋代和正也所在的小学（教师指图）。他们学校有一个惯例，就是当新生来的时候，作为老生要向新朋友送上礼物。那么巧得很，在一年级新生的欢迎会上，秋代正好把礼物送给的是正也，她送的是什么呀？

【反思】

在那位名叫杜泽成的同学回答了老师的问题之后，教师用自己的话概述了故事的内容。假如教师不复述整个故事的梗概，而把这一任务交给学生来做，教师该如何引导呢？请把你的课堂引导语写在下面：

_____

_____

生：花环。

师：哦，一个花环（教师在黑板上画了一个"花环"）。从此秋代开始喜欢上这个小男生了，于是接下来的日子当中呀，这个胆小的正也每天都是被秋代牵着手，走过这个他非常非常害怕的阴森森的坡道。有一天放学的时候，在这个阴森森的坡道上面,他们遇到三个三年级的男孩子,就像他(指着杜泽成)刚才说的,那三个三年级的男孩子欺负了秋代,还把秋代摔了个大跟头,摔到了地上。秋代没有哭,居然还笑了,笑着跟正也回家了。但是正也呢? 正也吓坏了,他不光吓坏了,还哭了。不过有一回,咱们的秋代也哭了。她为什么哭呢?

生: 紫斑风铃花被自行车碾碎了,所以她很伤心。

师: 对,就在这条小路上,有一回,他们三个小朋友到留守神社去摘紫斑风铃花,回来的路上遇到了那三个三年级的男孩子,他们就在这条小路上把秋代好不容易摘来的紫斑风铃花碾了个粉碎。秋代哭了,而且秋代哭得非常非常地伤心。看着秋代这么伤心,正也居然说了这么一句话——(出示)"别哭了,秋代。我一定会给秋代摘到紫斑风铃花的,好多好多,拿都拿不住。"为了这个诺言,我们的正也就踏上了去寻找紫斑风铃花的路途。

【要点提炼】
环节三:教师简要梳理故事的主要内容。

【要点评议】
　　因为这是孩子们在读完一本书之后进行的阅读交流活动,所以交流会的开始,有必要帮助孩子将整本书的内容做一个梳理,以便他们对整本书形成一个较为完整的印象。岳老师巧妙地运用《一年级大个子二年级小个子》这本书中的一幅"故事地图",既了解了学生对整本书的阅读情况、帮助学生梳理了故事的情节,还有效地指导了学生如何将图与文结合起来进行阅读。故事地图属于非连续性文本的一种,而非连续性文本是目前国际母语教学研究领域非常重视的一种文本形式。学生只有深入研读文本,并具备了一定的理解能力,才有可能将连续性的文本信息转码为非连续性文本。为此,国际学生评估项目(简称"PISA")专门将非连续性文本作为一种重要的文本类型列入了阅读素养测试的范围,我国的《义务教育语文课程标准(2011年版)》也明确指出:"阅读由多种材料组合、较为复杂的非连续性文本,能领会文本的意思,得出有意义的结论。"这一要求充分体现了我国课程标准对非连续性文本的重视。

二、关注"成长"

（一）聚焦故事中的"路"

师：好，这就是这个故事讲述的大概内容，我们刚才回忆了一下。接下来，我们再来看看这幅图，说到路呀，<u>我们看看这幅图上是不是有很多路？</u>

生：是。

师：来，我们看看有哪些路。这是一条大路。这是正也每天上学要走的阴森森的坡道。这是他们去留守神社摘紫斑风铃花的一条路。这个是正也一个人去摘紫斑风铃花的路，这个中间还有一条宽阔的大马路等等等等，还有很多的路。那我问问你，你有没有想过：<u>在这么多路当中，哪几条路对正也非常重要？</u>（学生没有反应过来）

　　没想过没关系，咱们一起来想一想。好，下面我们一起来做两件事情。

（出示以下内容）

> 我们一起来讨论：
>
> 　　1. 哪几条路对正也来说非常重要？小组成员在充分发表意见的基础上，由组长用红色水彩笔在图上画出这几条路。
>
> 　　2. 这几条路对正也来说是一条怎样的路？请小组成员共同为这几条路命名。

师：什么叫命名？

生：就是取名字的意思。

师：说得非常好，就是给这条路取名字。怎么取呢？我们可以这样说——什么什么之路（教师板书：＿＿＿＿之路）。这条路对正也来说是什么之路。

　　现在我给每个小组五分钟的时间，请大家做这两件事。

（学生小组交流讨论）

> 从"图"到"路"，阅读交流的线索逐渐明晰。

> 【观察者点评】为什么要对"命名"一词做这样一番解释？

【要点评议】

一本书的容量往往是很大的,要想在一个课时里交流整本书的阅读成果,教师就必须找出一条能够贯穿全书的线索来。当然,分析的视角不同,梳理出的线索就不一样。一个非常熟悉学生年龄特点和认知水平的教师,总是善于梳理并选择那些既能够引发学生的兴趣,又容易被学生理解的线索。例如这节课,岳老师就是"按图索骥",梳理出了一个"路"字作为理解全书的线索。在线索梳理清楚之后,接下来的工作就是围绕线索设计讨论的话题了。话题的设计需要环环相扣、步步深入,这样才能引导学生在不知不觉中进入阅读情境。

师:我们每个小组的讨论都非常热烈,有些小组特别认真,有些小组动作特别快,他们特别会合作学习。刚才我到每个小组都逛了一圈,发现大家不约而同地选择了两条路,而且你们选择的这两条路都惊人地相似。就是这两条路。

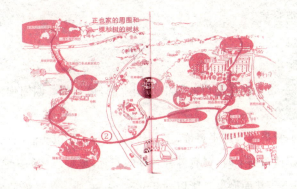

我们先来看这第一条路。来,请组长起立。请你把你们小组取的名字大声地告诉我们。从你开始。

生:阴森之路。

生:上学之路。

生:我们组也是阴森之路。

师:(现场有些同学在交头接耳)我们的读书会有一个最重要的原则,你在发表意见的同时,还要倾听别人的意见,我们比一比,哪个组的同学最会倾听。

生:胆小之路。

生：可怕之路。

生：黑暗之路。

生：我们的也是可怕之路。

师：我发现有三个组的同学说的是上学之路，有十个小组都是说的可怕、恐怖、阴森、黑暗。这条路的确是正也的上学之路，是他上学的必经之路，但我更喜欢那几个组，给这条路赋予了一种色彩，它是阴森的，它是可怕的，它又是黑暗的。我们请这几个组长说说看，你们为什么给它起名字叫可怕之路，阴森之路，黑暗之路？哪个组长愿意代表你们小组说？（组长有些害羞）小组长们，你代表了你们这个组哦。好，这个女孩子举手了，请你来说。

生：因为正也很胆小，所以我们取了胆小之路。

师：理由很简单，这条路让我们看到了正也的胆小。

生：因为这条路是阴森森的，很黑暗的，所以我们把它称为可怕之路。

师：那我问你哦，你说这条路是阴森的，是可怕的，那么秋代不是也走这条路吗，她怎么不觉得是阴森可怕的呢？

生：因为她很坚强。

师：那么正也呢？

生：正也很胆小。

师：也就是说，这条路在正也的眼中是阴森的，可怕的。谢谢你！还有哪个组的组长愿意发表意见？

生：因为正也觉得这条路很恐怖，还有乌鸦的叫声，所以我们把它叫作恐怖之路。

师：正也走在这条路上时，会有各种各样的幻觉，那种恐怖的声音，那种恐怖的形象，会一下子扑面而来。所以对正也来说，这是一条恐怖的、可怕的、黑暗的道路。他愿不愿意走？

生：不愿意。

师：所以每次上学，都是秋代牵着他走，但是被一个二年级的小个子牵着走的男生实在不坚强哦，对不对？好，各小组组长请坐，我们来看第二条路。请每个组派一个同学起立，告诉我们你们起的名字。谁来？哇！有些小组动作这么快！有些小组不愿意说？如果实在选不出来，那就组长起立吧，做组长不容易呀。

好，还是从你开始，第二条路你们取的是什么名字？嗯，我们注意听，听听别的组起的是什么名字,我看这个小组的四个同学呀,他们特别**善于倾听**,我看看还有哪个小组的小朋友也特别善于倾听。

【要点评议】
　　倾听是一种重要的交际技能。《美国学生社会技能训练手册》将"做一个好的倾听者"作为学生必须掌握的第一项技能,认为"倾听他人大概算是每个个体所能获得的最重要的交际技能之一。我们就是通过这种方式了解了别人的许多情况,同时获得了对我们个人来说很必要的信息。能安静地、真正地倾听他人并不容易——而且有时候相当困难!但这种技能确实值得提高"。由此可见,岳老师在课堂上多次强调学生学会倾听,是非常必要的。

生:摘紫斑风铃花的必经之路。
生:也是摘紫斑风铃花的必经之路。
生:也是摘紫斑风铃花的必经之路。
生:紫斑风铃花之路。
生:旅途之路。
生:坚强之路。
生:杉树之路。
师:什么之路?
生:杉树。
师:哦,杉树之路。因为这条路通向一棵杉树的树林,我听懂了。
生:勇敢之路。
生:紫斑风铃花之路。
生:摘紫斑风铃花之路。

(二) 关注正也的成长之路
师:好,我知道每个组给这条路的命名了。今天我们就来跟随着正也走一走这条路,好不好?
生:好。
师:看一看这条路是不是好长好长呀?

生：是。

师：哇，真的很长很长。对胆子小的正也来说，这真是一条非常非常长的道路，可是透过这条道路，我们可以看见，正也一步一步往前走的那一个个脚印，你有没有看到？

生：看到了。

师：好，我也看到了。来，我们一起来看一看，看看正也走的这一个个脚印（教师贴出"脚印"的图片）。其实啊，如果说你是真的很好地读过这本书，很好地和正也走过这条路的小朋友，你一定会发现，正也走这条路，他容易吗？

生：不容易。

师：很不容易，特别是对他来说，太不容易了。他一步一步往前走，他遇到了哪些问题？哪些困难？你有没有发现？（老师请一个学生帮忙传递话筒）

生：他非常地渴。

师：好，非常地渴，非常地累。（教师在"脚印"图片上贴词卡"累"）

生：他非常累。

师：除了累还有什么？

生：他非常地饿。

（在教师的引导下，学生又归纳出了正也遇到的一些困难，如"困"、"怕"、"不认识路"、"担心"、"遇到路障"等等）

师：不容易，遇到了这么多问题。想想看，他往前走的哪一步，你觉得是最不容易的？哪一步对他来说是最难最难的？现在我给每个小组一分钟的时间讨论一下。

（学生讨论）

师：好，一分钟时间到。每个组的讨论都特别热烈，这样吧，为了保证我们的交流顺利进行，我们还是请每个小组的组长起立，来告诉我们一下你们这个组的结论是什么，组长不好当啊。

（每个小组的组长分别发表自己的看法。）

师：好，我基本上知道你们的意见了，把小手放下，我们来回忆一下，肚子饿他怎么做的？

【观察者点评】讨论的时间设定为1分钟，并再次让组长回答，你觉得这样的安排合适吗？

生：买了一个面包来吃。

师：累，他怎么做的？

生：他累，就是在地上休息一会儿。

师：休息一会儿继续往前走，没有耽搁时间。他遇见叔叔怎么办的？

生：他听了农家大婶的话，附近有诱拐犯，他就没有跟叔叔走。

师：他不认路怎么办的？

生：他问了一个农家。

师：遇路障怎么解决的？

生：找了一条绳子，钩住了那个牌子，当作桥走了过去。

师：很快地解决了。害怕，他怎么办的？怎么解决的？（没有学生举手）你们不举手了，看来这个问题对你们有点难。我想，正也跟你们差不多大，你们也不知道怎么解决害怕这个问题。正也害怕的时候是怎么解决的？

生：先静下来。

师：静下来。他静得下来吗？

生：紫斑风铃花。

师：紫斑风铃花？好像不对呀，当他害怕的时候，他眼前都是些什么东西？

生：泪水。

师：眼前被泪水模糊了。

生：他害怕就摸他脖子上的花环。

师：是秋代送给他的花环。

生：他会感觉眼前一片黑暗。

生：他会想到秋代。

师：正也能感受到秋代给他的力量。

生：他会想到那条阴森森的路。

师：想到那条路，想到阴森森的坡道上的土崖，那个压迫着他的感觉来。

　　有一个地方我不知道你们注意到没有？就是当正也已经走了很长一段路，到达一片杉树的树林的时候，就要到紫斑风铃花的原野了，就差那么一点点了，他又？

生：害怕了。

【观察者点评】在引导学生分析"正也是怎么解决害怕"这一问题时，教学似乎进行得很艰难，你有更好的办法吗？

师：你们还记得吗？

生：记得。

师：我们来回忆一下（教师大声朗读："小鸟的声音，突然停止了，树林里一下子静了下来……正也睁开了眼睛，四周的树，又变回了原来的树。外星人也没了。"）

师：当正也走过杉树林时，他看到了树林里的这样一个环境，那么，在正也的眼里，这样的树林有没有变化呢？

【观察者点评】从下面学生的回答来看，你觉得这个问题的指向清楚吗？能提供一个更好的问题吗？

生：没有。

师：有没有变化？

生：没有。

师：一开始这个鸟儿是叫着的，可是后来呢？

生：突然不叫了。

师：原来这一棵棵的树都是好好的。可是后来这些树怎样了？这一棵棵树好像——

生：突然睁开眼睛发怒了。

师：原本这个树林里有没有外星人呀？

生：没有。

师：可是在正也的眼睛里却——

生：变成了外星人。

师：你说这个树林在正也的眼里有没有变化？

生：有。

师：可是这些变化后来又没了，又变回了原来的样子。你们想想看哦，树林就是树林，事实上这个树林有变化吗？

生：没有变化。

师：但是为什么在正也的眼里这个树林是有变化的呢？

生：因为他觉得害怕。

师：因为害怕，所以怎么样？

生：所以他眼前才会黑暗。

生：因为他害怕，所以这树林有变化。

生：因为他感到害怕，所以他总觉得这树林里藏着外星人。

师：总藏着外星人，藏着一些可怕的东西。

生：因为他觉得这个就是外星人的飞船。

生：他觉得树林有变化，这是他自己的心理作用。

师：哦，其实是他的心理在作用，所以你想想看，作者为什么要写树林里的环境呢？他实际上是为了什么？你们知道吗？哦，这个女孩子知道，你来说说看。

生：为了说正也害怕。

师：说得真好，其实这样一个环境的描写，是为了表现人物当时的心情。这本书当中，有很多地方都描述了正也生活的环境。如果你仔细去读一读的话，这些环境描写不仅仅是在写环境，它还赋予了人的情感和人的心里的一些想法。所以刚才一个小朋友说这本书他已经读过七遍了，我建议你再重读一下，再找找看，这本书当中还有哪些环境描写也表现了人物的想法，好不好？

生：好。

师：好，刚才我们讨论完了，你们看看，这几个步子当中，哪个步子对正也来说最困难？刚才很多同学都说，肚子饿，累，遇叔叔，不认路，遇路障，只有一个同学说是害怕，你们现在有没有改变？这个同学他很坚决地举手了，我请她说。

生：不认路。

师：不认路。还是坚持不认路的请举手。哦，还有一些同学，说说为什么。

生：因为不认路的话，正也就找不到那个杉树林。

师：哦，不认路的话他就会迷路，就找不到长满紫斑风铃花的原野。所以不认路最关键，这个也蛮有道理的。好，谁来说说你的看法有什么变化？

生：害怕。

师：你为什么会变成"害怕"了呢？

生：因为正也害怕就不敢往前走了。

师：害怕就不敢往前走了，如果说害怕和不认识路相比，你觉得哪个对他来说更不简单？

生：害怕。

师：你为什么这么坚持说害怕？因为你刚才说的是不认路。

生：因为他如果害怕的话，就摘不到紫斑风铃花了。

师：我们来看看这条路，如果他害怕的话，他会踏上这条路吗？

生：不会。

【观察者点评】学生说的不是老师想要的答案，老师仍然对学生作出了肯定的评价，你觉得这种处理如何？

师：他会把这些困难都一个个地解决吗？

生：不会。

师：我同意这个同学的观点，就是说不认路对他来说确实是很大的难题。我也同意这些同学的观点，害怕是他最最难以跨越的一步。既然一步步的跨越这么不容易，那么你觉得是什么力量推着正也一步步向前走？

生：秋代。

师：能不能说的具体一点，为什么说是秋代？

生：因为他上学的时候，秋代送给他一个花环。

师：嗯，然后呢？他在这条路上走的时候，每每遇到问题的时候，他总会有一个动作，是什么动作？

生：抓着花环。

师：因为他觉得抓着花环他就感觉到什么了？

生：是秋代在推着他。

师：往前走。说得真好。原来一个朋友的友情，可以让自己鼓足了勇气，鼓足了力量，往前走。还有吗？除了是秋代的这个花环给了他无穷的力量以外，你觉得还有什么力量推着正也往前走？

【要点提炼】由此转入对本书的价值观的讨论和挖掘。

生：我觉得是正也向秋代许下诺言——要给她摘好多好多紫斑风铃花，拿都拿不住。

师：一个诺言可以让自己内心产生无穷的力量。

生：因为他想让秋代开心。

师：原来他很珍惜与秋代之间的这份友情。还有吗？好像都是跟秋代有关系，跟正也自己有没有关系呀？

生：勇敢。

师：你能不能说具体一点？

生：（不知道怎么表达）

师：我知道她的意思，就是说如果正也自己不勇敢的话，光有秋代在这边推着他往前走，他还是不敢。有用吗？

生：没有。

师：所以，一个人要想往前走，哪种力量很重要？

生：勇气。

师：他说是勇气，是谁的勇气？

生：自己的。

师：自己的勇气很重要，再加上别人的力量把自己往前推。好，小朋友们，我们来看看这条路，刚才我们讨论了这条路，记得一开始的时候，好多同学都说这是一条紫斑风铃花之路，刚才我们把这一条路好好地研究了一下，你想不想给这条路重新命名？如果你想重新给它命名的话，你想改成什么名字？

生：让自己坚强之路。

生：艰苦之路。

生：勇敢之路。

生：勇气之路。

生：我也是勇气之路。

生：坚持不懈之路。

生：改变自己之路。

师：改变了自己，我们可以看见，在这条路上，当正也慢慢往前走的时候，他还是以前那个胆小的男孩子吗？

生：不是。

师：他已经发生了变化。我们发现正也好像在慢慢地——

生：长大了。

师：他真的慢慢地长大了（板书：长大）。这个长大来得多不容易呀！这一个个的脚印，就见证了正也在一步一步地长大。这条路原来也是正也的——

生：长大之路。

> 关注正也的成长之路这一活动的推进可以分为四个环节，请将这四个环节概括出来：

【要点评议】

　　这是一部儿童成长小说，岳老师将阅读交流会的主题定位为"成长"是非常适切的，既契合了作品的主题，又贴近儿童的实际。值得注意的是，"成长"这个词自始至终没有在课堂上出现，出现的更多的是"长大"，这是儿童的表达方式。岳老师没有以成人的语汇来代替儿童的语言，应该说这正是"儿本位"的最好体现。

　　在这部分的交流中,岳老师又巧妙地运用了"故事地图",把故事中正也的成长历程,通过对"路"的研究自然而然地铺展开来。在与学生的交流互动中,岳老师给予了学生充分的尊重与耐心的等待,没有以教师的主观意志来影响儿童内心真实的表白。所以,我们感觉到成长的不仅仅是故事中的人物,更是交流会上的一个个孩子。

三、关注两条路之间的联系

师：来看看这两条路,第一条,第二条,你们有没有发现这两条路之间的联系？好好看一看,想一想。有没有联系？有点难哦。

生：都是跟正也有关的。

师：还有吗？

生：都是秋代和正也之间发生的很多有趣的事情。

生：都是让正也恐慌的路。

师：都是让正也恐慌的路。可是第二条路后来？

生：可是正也后来他不害怕了。

师：所以当正也走完了第二条路以后,再去走第一条路的时候,他还害怕吗？

生：不害怕了。

生：反而觉得可爱了。

师：哦,反而觉得可爱了。哇,有了这第二条路,正也就再也不怕这第一条路了。

……

师：对呀,虽然我们此时此刻看不到他们脸上的表情,但是我听你们这么一说,我知道了,原来他们是非常开心地面对着眼前这样一个美景,面对着有可能在他们今后的人生道路上遇到的一条路。

四、总结交流

师：孩子们,其实我们也会遇到一条路,这条路指引着我们一直往前走,在路上我们会遇到各种各样的东西,会遇到各种各样的事情,但是就像你们说的,只要我们有勇气,只要我们坚强,只要我们勇敢,我们也会像正也和秋代一样慢慢地——

生：长大。

师：你看这样一本小小的书，让我们有了这么多的思考，所以我们要感谢这本书的作者，他的名字叫？

生：古田足日。

师：这就是古田足日，是日本有名的儿童文学作家，他还写了许多其他的书，比如说《鼹鼠原野的伙伴们》，你们看过吗？

生：没有。

师：哇，这是我很喜欢的一本书，然后还有一个，我们现在作业特别多，他还写了一本书，叫作？

生：《课外作业代写公司》。

师：你希望这个公司存在吗？

生：希望。

师：好，还有一本书，叫什么名字？

生：《壁橱里的冒险》。

师：这是一本图画书。有兴趣的话，让我们再去读古田足日的作品，好不好？

生：好。

【要点评议】

　　这个环节其实出现了三条"路"，一是正也原先的害怕之路，二是正也的长大之路，三是正也、秋代、真理子的未来之路。岳老师把孩子们带到这三条路面前，在它们的联系中再次感悟"成长"的力量，体会"成长"的意义，同时把孩子们的思维也引向深处，引向未来。

　　整本书阅读交流有个重要的目的，就是建立儿童与书之间的联系。读完了一本书，孩子们不仅要知道这本书在谈什么，而且还要知道这本书与自己有什么关系。因此，回归儿童的现实生活，在回归中观照自己，获得成长的启迪，就显得很重要。当然，一个读书交流会并不是阅读的终点，也许它才刚刚开始。因此，凭借一本书，而让孩子们与更多的书建立联系，也是非常重要的。

问题研讨

一、教学结构的清晰性

德国著名的教学法专家希尔伯特·迈尔在《怎样上课才最棒》一书中列举了优质课堂的十项特征,其中第一项就是"清晰的课堂教学结构"。他认为,一节好的课,首先要让师生感到有一条"红线"贯穿其中。对于整本书的交流来说,梳理出一条清晰的线索尤其重要。因为与单篇的课文相比,整本书的教学容量要大得多。如果教师在与学生交流时理不出一个线索,东一榔头,西一棒槌,教学就会如一盆浆糊,让学生越听越糊涂。在本课例中,岳老师用"路"这条线索,由文到图,由图到文,图文对照,将整本书的内容巧妙地贯穿在了一起;由有形的路到无形的路,由具体到抽象,由现实到未来,形象地揭示了作品的主题。

二、话题设计的层次性

整本书的交流重在话题的设计。教师可以根据作品的内容和阅读者的认知水平确定4—5个话题,并使之层层推进,最终抵达主题。话题群之间的关系,应该表现为从具体到抽象、从已知到未知、从浅显到深入,后一个话题成为前一个话题的延伸、深化,从而形成链状或梯状结构。应该说,本课的话题设计就较好地体现了这一思路。如教师让学生给"路"命名时,就设计了三个梯度,先是让学生分组讨论,自由地为路命名;之后陈述命名的理由;最后教师再次引导学生从正也的角度为路命名。如此循序渐进,拾阶而上,很自然地引领学生向作品的主题靠拢。

三、价值取向的导向性

所谓"一千个读者有一千个哈姆莱特",由于小学生的阅读能力有限,他们对作品的内容的理解自然也千差万别,甚至千奇百怪。因此,在整本书的阅读中,教师在价值取向上对学生进行引导就显得非常必要。在本课例中,当教师问起学生对"路"的理解时,很多学生只是想到了那是一条恐怖之路、阴森之路,却没有考虑到那是一条坚强之路、勇气之路,而通过师生的交流和教师的引导,学生最终理解了勇气和坚强的重要性,形成这样的价值取向无疑有助于学生一生的成长。

资源链接

1. 岳乃红著. 班级读书会ABC[M]. 北京:北京师范大学出版社,2007.

2. 周益民主编. 上读书课啦:班级读书会案例精选[M]. 北京:北京师范大学出版社,2007.

3. (德)希尔伯特·迈尔著,黄雪媛,马媛译. 怎样上课才最棒[M]. 上海:华东师范大学出版社,2010.

4. (美)曼尼克斯著,刘建芳译. 美国学生社会技能训练手册[M]. 天津:天津社会科学院出版社,2011.

后续学习活动

阅读下面这则材料,完成后面的问题。

儿子编写《三国演义》专辑

不知从什么时候起,儿子每天放学后总在忙着写什么东西,那么专注,那么忘我。这情形持续了两个星期,他终于怀着一种大功告成的心情告诉我们,他这些天一直在用英语写"三国演义故事"。原来他受老师之托,为全班学生写一篇中国故事,而《三国演义》正是他最熟悉和最喜爱的故事之一,因此,他决心把一些精彩故事写出来,介绍给学校的老师和同学们。捧着那本厚厚的三国演义专辑,看到那些长长短短的英语句子和一段段生动的描述,想到这些天来他每天自觉自愿伏案疾书的场面,联想起国内我们每天督促他完成家庭作业的情形,我们不禁深有感触。题材的相关性和个人意义能产生如此大的学习动力,带来如此显著的学习效果,这是我们没有想到的。尽管专辑中不少英语句子还存在语法错误,如单复数和动词时态的配合,但并不影响意思的表达。能够写出这么多篇幅,而且人物形象鲜明,故事情节生动,已经达到了一定的语言表达水平。如果再写几个专辑,他的英语语言能力一定会有更大的进步。此外,在写作过程中,他的选材和组织能力、审美能力、独立工作能力,以及查阅英汉词典和汉英词典等动手能力都得到了锻炼。这本故事专辑获得了学校师生的好评,最后还上交当地教育部门,作为外国儿童学英语的研究课题材料保存起来。

　　这以后,孩子的学习热情更加高涨。不久他又搞了一本专辑"嗨,我在 Langley Junior School",配有照片,英汉对照,全面介绍了自己在这所英国学校里的学习和各种活动的情况。

　　(此案例选自舒伟的《英国基础教育富有特色的教材活动》,见 2000 年第 2 期《外国教育研究》)

问题:
一、结合自己的教学实践分析整本书阅读对于学生语言学习与发展的意义。
二、比较该案例与岳乃红老师指导学生阅读整本书在理念和方法上的相同点和不同点。

在探究中激发学生的语文学习兴趣
——研究性"小论文写作"课例研讨

执教教师简介

邓玉琳,广东省深圳市南山实验学校语文教师,国家级骨干教师,深圳市教学能手,辅导学生参加各级各类比赛获百余奖项,长期致力于"以问题为导向的研究性写作和阅读教学"的探索。

课例导读

深圳市南山实验学校邓玉琳老师指导学生进行"小论文写作"的实验已有五六个年头了,目前,"小论文写作"已经成为深圳市南山实验学校语文综合性学习的代表性成果。之所以选择本案例供大家研讨,主要出于以下四个原因:

第一,大家普遍认为做研究写论文很麻烦、很枯燥,需要实验室、量表、问卷等研究工具,因此只有成人才有能力做研究。殊不知,儿童天生具有"研究能力",这种本能为学生进行研究提供了无穷的动力。"如果学生成为研究者,他们就不仅拥有关于事情可能怎样的知识,而且拥有揭示事情确实怎样的能力。"[①]事实证明,中国的小学生也能做研究、写论文,也能做得很好。

第二,我国的写作教学一直问题很多。具体表现为:文章体式选择不当、缺乏读者意识、缺乏过程指导和真实情感等。究其原因,是缺乏对写作课程的建设。相对于可教性不强的"诗歌"、"记叙文"等体式而言,"小论文"作为一种课堂写作常态范围外的特定写作体式,具有很强的实践性与探究性。

第三,我国中小学写作教学中流行的文章体式,是应试性的"小文人语篇"。它与我们意欲培养的适合于社会应用的写作能力,有着严重的冲突。因此,培养学生的非文学性写作能力,对于当下的写作教学是十分重要的。"小论文写作"可以弥补这方面的不足。

[①] 周宏.研究性学习·第一辑[M].中央民族大学出版社,2002:24.

第四，小论文写作强调的是师生共同建构与合作探究，其研究内容都是儿童自己提出来的，是他们自己感兴趣的。它更可能把学生从被动学习的泥沼中解放出来，真正实现自主学习，从而达到减负增效的目的。

通过此案例的研究，试图解决以下几个问题：
1. "小论文写作"教学以什么样的模式来实施？
2. "小论文写作"教学中指导教师处于什么位置？
3. "小论文写作"对提高学生的写作能力有帮助吗？

热身活动

下面是两个有关作文教学的问题，请在你认为合适的答案前打钩
1. 在我的作文课堂上，常有的气氛是
   A. 课堂气氛活跃，学生能积极参与课堂活动
   B. 课堂气氛一般，学生能参与课堂活动
   C. 课堂气氛死气沉沉，学生不想参与课堂活动
2. 我经常采用的作文评改方式是
   A. 课下全批全改，课堂摘要点评
   B. 面批面改
   C. 学生自改、互改
   D. 让家长参与批改

实施过程

本案例活动纵贯了小学的 6 年学程，分为低年级、中年级、高年级三个学段来实施。低年级阶段的主要活动是简单的"问答式"写话，直奔目标，书本中找答案；中年级阶段的主要活动是规范论文格式、小组合作探究，在答案中加入自己的思考和评价；高年级阶段的主要活动是认导师，找专家，学习科学的研究方法，形成有理有据的研究报告。整个过程可以图解如下：

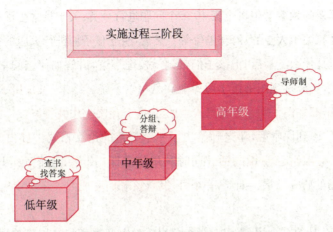

"小论文写作"实践的实施过程三阶段

一、第一阶段：低年级（1—2年级）

低年级的实施过程为：创设情境——产生问题——描述问题——猜想答案——阅读求证——表述答案。成稿方式：问答式——搬书本。

2008年10月下旬，邓玉琳召开家长会，向家长们和盘托出了自己酝酿已久的一个想法：她要带着孩子们进行"基于问题意识的'小论文写作'"的教学探索，希望大家支持她。当晚参会家长38人，但只有6人认为可以试试，另外32人没有表态。邓老师见状，请求大家给她两个月时间，让她试试，再根据效果决定是否可以继续。

二年级的孩子，连"研究"二字都不会书写，又如何自己去做研究呢？邓老师就从教会孩子描述问题开始，在邓老师的启发和指导下，学生提出了各种各样有趣的问题，下面是一位女生对自己感兴趣的问题的描述：

【观察者点评】你曾就自己的教学实验征求过家长的意见吗？

> 今天，我过8岁生日。妈妈给我买了蛋糕，爸爸插了8根蜡烛。我突然想到：如果地球过生日，那他需要插多少根蜡烛呢？所以，我提出了这个问题——地球到底有多少岁呢？

课例研究工作坊

接下来邓老师领着学生将全班40多个问题进行分类:关于日常生活的、关于动物的、关于植物的、关于太空的、海洋的等等。然后,引导孩子们进行大胆的猜测,想象问题的答案可能是什么。最后,把孩子们带到学校图书馆,讲解如何查阅书籍寻找自己的答案,安排学生分批到图书馆学习专业文献检索系统。结果,仅仅用了一个周末的时间,全班孩子都掌握了图书馆文献检索的方法,开始在书中找答案。

答案有了,回到课堂后,邓老师给出了一个规范的论文格式:"提出问题、猜想问题、解决问题、写出自己想说的话。"同时利用信息课,教会孩子们做 PPT 以及利用 PPT 陈述自己的研究结果。如此,一个月过后,孩子们完成并展示了自己生平第一篇论文。

2008年12月的某个周六上午,学校多媒体教室迎来了"二(1)班首届小论文交流大会"。当看到孩子们欢欢喜喜地上台演讲,又蹦蹦跳跳地跑下台来,面对着40个孩子40篇小论文的研究成果,家长们有说不出的高兴。邓老师的付出,终于赢得了所有家长的心:因为,短短一个多月时间,孩子的学习面貌就焕然一新,学习劲头更足了,也更积极了。随后,一篇篇充满独特发现和稚气表述的小论文源源不断地诞生了。

【观察者点评】积累材料和整理数据是开展研究的关键之一。

据统计,二年级在完成第一、二期论文的两个月时间里,全班学生的阅读量达到了267本,在此过程中,学生们劲头十足,他们为自己小小脑瓜里装进了那么多书籍和知识而兴奋不已。

二、第二阶段:中年级(3—4年级)

进入中年级后,孩子们提出的问题有了一定的深度和广度,比如:"蜘蛛如何在空中织网?人类生命的起源是什么?珠穆朗玛峰的高度是怎样测量出来的?惯性是什么?"等等。根据这一情况,邓老师将中年级的实施过程确定为:小组聚合重组选题——选题分类——确定研究思路和方法——小组分头研究——成稿——论文答辩。成稿方式:分组合作——家长支持。

孩子们经过两年的探究学习,已经学会自己想办法解决自己的问题,并掌握了自主学习的方法。但面对孩子们的探究热情,邓老师也感觉到自己学识上的压力。作为老师,首要的角色就是指导学生们学习,而仅凭自己的中文教育背景,很难为孩子的研究纠错补漏,怎么办呢?

"自己不行,就请家长来指导",于是邓老师向学生家长群发了一个求援的短信,很快就有家长毛遂自荐,愿意指导学生的研究并承担"论文答辩委员会"成员。2010年6月的一个周六上午,"四(1)班小论文答辩会"正式拉开帷幕了!家长们从观望到全力支持参与,说明了家长对"小论文写作"全方位的接纳、全方面的认可。

这一阶段,小组合作成了重要的学习方式。四年级时,有的小组分工还只是提供了小组成员的姓名,到了五年级,各组都提供了每个小组成员具体负责的工作。而且在每一篇小论文的结尾,都设置"我想说的话"板块,让孩子表达自己做研究的收获和感受。

一名博士后家长为同学们
讲授研究方法

研究小组寻求家长帮助

三、第三阶段:高年级(5—6年级)

进入高年级,学生的阅读涉猎已非常广泛、非常深入,其选题也越来越专业,有些选题语文教师可能也没有能力去指导,如"光的波粒二象性研究"、"血液的凝血机制探究"等选题。此时,教师需要调整自己的角色,尽量为学生寻找更多的学习资源,如动员家长组成导师团队、利用人际关系拜访专家等。因此,这一阶段的主要活动是:认导师,找专家,学习科学的研究方法,形成有理有据的研究报告;其实施过程:开题——导师、专家指导——小组分工研究——撰写初稿——参加答辩——修改定稿;其成稿方式为:导师制——专家指导。

2012年11月拜访霍金弟子——剑桥霍金研究室研究员陈新刚博士

刘　筱：中山大学理学博士，中国科学院政策与管理研究博士后，深圳市地方级领军人才。英国UCL巴特利特规划学院访问学者。

王　翀：研究员。北京大学物理学士、法学硕士；湖南大学法学博士。哈佛大学访问学者。

陈晓穗：深圳大学艺术设计学院服装系副教授，师从北京服装学院李克瑜教授。

张云鹏：吉林大学理学学士学位，哈尔滨工程大学工程硕士学位。

被邀请的家长专家们

在高年级小组合作、导师跟踪的机制下，产生了一大批极富研究价值的选题，如："丝绸之路游学主题探究"、"探讨光的波粒二象性"、"关于学校东门拥堵现象的调查分析研究"、"关于大气压的初步探索"、"二战轴心国德国失败的原因分析"等。

【要点评议】

在"小论文写作"的过程中，教师应成为活动的"配角"和"脚手架"。问题是学生发现的，收集资料、撰写成文也是学生的事。教师要做的，主要有两件事，一是在确定选题时给予指导。在确定选题阶段，孩子们可能会提出各种让成人"惊诧"的问题，比如"蚂蚁靠什么传递信息？""蜈蚣有多少只脚？""海豚是最聪明的动物吗？"等。遇到这种情况,教师切忌说"这个问题你不需要知道"、"老师告诉你答案"之类的话,因为这是孩子们最近发展区之内最有价值的问题。相反,教师要充分肯定孩子们的想法,鼓励他们探究问题的答案。这样,孩子们就会一股劲儿地钻研下去,从而体验到探究与发现的神秘感和成就感。二是在探究过程中给予必要的帮助。如要求学生家长支持学生的研究活动,在周末陪同学生到图书馆查资料、做调查,为学生提供一些"小论文写作"的基本方法等。

作为校本课程实施的"小论文写作"占用的课堂教学时间很少,除了"选题讨论课"和"答辩展示课"之外,其他都是由学生在课外完成的。所以,此处仅选取一节"答辩展示课"中的部分实录进行评议。

课题:"丝绸之路游学"主题研究答辩课

执教:邓玉琳

答辩委员组成:深圳大学陈教授、博士后刘筱、上海师范大学硕士生杨洲、家长代表1名、学生代表1名

时间:2012年10月

地点:学校功能室

课题情况简介:

"丝绸之路游学主题研究"是在学习人教版语文五年级下学期教材的基础上形成的一个研究题目。该册教材的第一单元的主题为"走进西部",课文题目分别为《草原》、《丝绸之路》、《白杨》和《把铁路修到拉萨去》,其内容涉及敦煌、西域、丝路、草原等。为了使学生突破课文的局限,更深入地体验西部的风情、领略西部文化,邓老师将"教室—课本"

【观察者点评】美国年度教师雷夫·埃斯奎斯每年都会组织学生到全美乃至世界游学,不信?请读《第56号教室的奇迹》一书吧。

的学习形式改为"**体验—游学**"的形式。此次主题学习为期半个月，从丝路起点，途经陕西、甘肃、新疆三省，参观了丝绸之路上的一系列景点，并聘请陕西师大历史系的学生做讲解员。在游学的路上，学生展开了各种各样的语文活动，如：朗读课文，写参观游记、日志，合作研究"丝路"主题小论文，参观珍贵的历史遗存，倾听历史学家的讲解，回顾丝绸之路的历史等等。这次游学活动突破了课堂的局限，开阔了学生的眼界，激活了学生的思维。

在游学结束之后，孩子们的小脑瓜里装满了丝路之行的所见所闻，一系列的问题不断涌出。经过筛选、融合、归类之后，他们获得了几个很优秀的研究主题，如"美丽的敦煌壁画"、"丝路沿途风景"、"关于丝绸的研究报告"、"楼兰——千年的传奇和千年的谜"、"古罗马VS汉代"等。

课堂环节一：邓老师作研究背景的介绍。3分钟（略）

课堂环节二：罗祺小组及其他小组汇报研究成果。

罗祺小组《古罗马VS汉朝》、郑琳小组《古老而神秘的王国——楼兰》、肖扬君小组《关于丝绸的研究报告》、姚若辰小组《丝绸之路游学研究——浅谈莫高窟》等（每个小组5分钟）。以下仅展示罗祺小组的汇报，其他组略。

罗祺：翻开历史的书页，我们很容易把目光聚焦在汉朝，这个朝代的文治武功，以及这个朝代那些标志着中华民族辉煌时代的英雄业绩，都深深地吸引着每一个中国人……而同一时期的遥远西方，源于古希腊文明、经过千锤百炼后诞生的罗马共和国正在兴起，他们用征服整个世界的方式向罗马的帝国时代挺进……

如果这两个王朝发生碰撞，历史必将迸出更绚烂的火花，今天的我们无法改变什么，只能做一个简单的对比，所以我提出了这个问题。

黄选清：大家还记得五年级下学期语文书课文《丝绸之路》中汉代使者与安息国交换礼品的场面吗？他们所拿出的五花八门的物件真的叫作争奇斗艳、精彩不断啊！那么并列出现在东西方的两个大国：古罗马和汉朝，哪一个才是真正的王者之国呢？它们又在哪一个方面比对方更胜一筹呢？而这两个国家的不同与相同之处又在哪里？那么这两个国家有没有发生什么战争与交流呢？两个古老而又神秘的帝国究竟谁胜谁负呢？从何而知古罗马军队和汉朝的军队哪个更加专业化？两个国家的生活条件哪个更加优良呢？而他们的服装哪个更加的优雅美丽呢？他们建筑的风格又是如何吸引我们的眼球呢？答案，还是未知数，现在就让我们一起来解开这两个神秘帝国的面纱吧！

下面请允许我们向各位答辩委员和同学们展示我们的研究报告。（PPT饼图）

首先，我们将收集到的资料进行了划分，先简单的分成"百姓生活"和"社会生产"两大块，我们准备再把这两大块分为"吃、喝、穿、玩、学、住"和"铸造、船艺、武器、农耕"。（观众笑）

组员1：我们先来说"百姓生活"这一块吧。我们发现古罗马的人很费力，效率也低，汉朝省力，效率高，因为我们发明了风车，他们只会受风抖糠。我们主要吃米、谷物、肉，他们吃谷类和蔬菜、香肠，喜欢二粒小麦做的圆饼蘸盐、用小麦做面包。贵族晚餐主要是粗粮麦片粥。平民最简单的粥用二粒小麦、水、盐和动物油脂做成。在饮食习惯上也不同：古罗马有一日三餐，晚餐为正餐，晚餐常含有三道菜：前菜、主菜和甜点。低热量和低营养的食物被视为高雅。汉朝饮食习惯是饭（主食）、菜（副食）和汤饮。在制作食物的技术上，汉代各民族的饮食大交融后，开启了涮、烤的先河。吃饭的方式由跪坐到两脚垂地、围坐吃饭，用筷子。古罗马日常用餐会坐着，甚至站着吃。主要聚餐有专门房间，叫躺卧餐厅。吃饭的餐具我们主要是青铜饮食器具：鼎（煮肉）、釜（煮谷物或蔬菜）、鬲（煮汤），而罗马普通的有陶质和玻璃餐具，高档的有银质餐具如盘、碟、高脚玻璃酒杯、碗、罐以及洗手盆，主要是招待尊贵的客人。从现代人角度来看，汉代的餐具显得笨重，而古罗马的餐具显得高贵、轻盈、透亮。在汉代已经有了蒸馏技术来酿酒，而古罗马人的酒只有一种，汉代的酿酒技术更高。在穿着上罗马用的是普通的织机，汉代用的是斜织机和提花机，它可以编制出带有复杂花纹的织物，而罗马的织机只能织出平纹织物。衣服的款式上罗马主要是托加袍，厚重肥大，丘尼卡是两块方形织物肩、腰缝合，腰部系带，主要使用羊毛或者亚麻布。汉代主要是蚕麻、棉制作而成。古罗马的服装没有款式分别，女子都穿宽松长袍，然而她们却简单地采用既薄又透的面料，由一大块不经缝制的衣料组成，包缠或披在身上，有时用腰带捆住挂在身上。汉代的服饰是根据不同场合、不同需求、不同身份而穿不同的衣服。说明汉代的人们生活非常富裕。

组员2：下面由我来汇报"玩、学、住"的比较。罗马的杂技都是以抛球为主的，可以一次抛1000多个球，可以说是世界之最。汉朝杂技是以吞火、顶盘子为主的。但是汉朝的娱乐是面对全民的，而罗马只是对于贵族才有的。在流通货币的使用上，汉代也更为高级，我们有叠铸法，而他们只是使用钢模进行打压，而且罗马的钱币数量受限制，并且效率很低，费时费力。汉代非常简便，方便铸造，省时省力，供应充足。在书写方面，纸是最理想的书写材料，它便于保存而且价格低廉，而罗马使用的是羊的皮，相较于汉朝的纸张还是存在很多劣势的，汉朝的炭黑墨水化学性质稳定，故墨色历久不变，罗马墨水以鞣酸为主，容易掉的。在建筑上，古罗马的建筑吸取了其他国家建筑的优点，发明了用柱子，是一座"大理石之城"。而汉代的建筑是使用土木建筑的，密度非常大。两者各有优点。

组员3：下面我来汇报"社会生产"方面。在铸造冶铁技术上，古罗马的冶铁技术非常的晚，比汉朝的还要晚。他们已炼出了生铁，但最终放弃了。汉代的冶铁技术非常好。罗马学者都说："虽然铁的种类很多，但没有一种能和中国来的钢铁相媲美。"在造船技术上，罗马的船无舵，汉代的船有舵。两种船的设计是完全南辕北辙的，罗马的船靠两个桨来操控方向，而汉朝的船舵，则是设计在船身中间。在武器上，因为冶炼技术的差距，所以汉朝使用的是铜，而罗马使用的是铁，汉代的农耕工具比罗马先进，因为汉代的犁能够破土开沟压绿肥，罗马只能将地开一道口子，不能加肥。

课堂环节三：答辩委员提出问题和修改建议。

师：好，再次感谢答辩委员们的聆听，35分钟的学生汇报结束，现在有请答辩委员们提问。

委员一：在提问之前呢，老师再次肯定你们的研究成果和探究精神，你们呈现的过程和结果都让我很欣慰，你们学会使用思维导图来呈现你们整个研究的脉络，比如田靖琪小组《关于丝绸的研究》，你们的研究弄清了"最早的丝绸"、"四大名绣"、"丝绸制作流程"包括"煮茧，缫丝，卷纬"等等非常专业的词汇，我想问问你们在哪里获取的这些资料信息？你们五个组员能完成内容如此扎实的研究报告，都可以做丝绸专家了啊，相信成果得益于良好的团队协作精神。在这里老师还有一点建议，你们汇报的时候，要尽量概括地来介绍，主要介绍你们的研究结论，不需要每一条分开论述。也就是说，孩子们，你们尽量提炼出小标题来展示你们的结论。比如你们说"在流通货币的使用上，汉代也更为高级，我们有叠铸法，而他们只是使用钢模进行打压"这样的话语，就有了你们的思想在里面。你们去寻找资料做了这样的一个对比研究，之所以说是对比研究，是因为这是你对比两个大国之后，得出的结论，不管是哪一方面的结论，我们都喜欢，不管是汉代哪方面强还是罗马哪方面强。但你们研究的最终目的是什么？这个是你们研究的现实意义，在这方面你们还有所欠缺。

委员二（学生代表）：我想问周映成一个问题，你负责的是丝绸制作的哪一部分？是图案部分么？那这部分包括在前面李嘉平说的"煮茧，缫丝"里面么？

委员三：你们的研究很有价值，至少这次去甘肃的游学能让你们亲眼目睹丝绸之路繁华的历史，不仅开了眼界，也让你们找到这么有意思的选题，我想肯定很少有人把汉代和古罗马拿来对比吧？而且你们还对比得这么有意思，老师也是刚刚听了你们的汇报才长了这么多知识。罗祺小组的对比研究涉猎很广泛啊，老师看到你们分成三大块，能和我说说你们这样划分有什么原因吗？还有更合理的划分方式或者表述方式吗？

委员四：孩子们，你们的研究短的有3000多字吧，长的有6000多字呢，老师发现了几处错别字。我建议你们把找到的资料进行概括提炼，把语言再写得精简一些，或者写成你们自己的语言，这样才是你们自己的研究，或者是对别人研究的再解读。你们现在是高年级，要逐渐抛弃中年级照搬书本的模式，在研究中多加入自己的思考，最好是创新点，和别人的想法不一样的，没什么担心的，这个研究没有正误之分，只要你们从中有收获，就是最好的。

……

【要点评议】

  一个成熟的小论文指导教师,应树立一个观点:写作能力的提高主要不是依靠简单化的反复训练,也不是依靠教师的讲,而是依靠写作主体的积累。这种积累不仅仅是材料、生活、知识的积累,更重要的是写作经验、写作体验的积累。在学生撰写"小论文"的过程中,教师并不需要对论文的写作进行过多的指导和介入,而应把精力放在提供资源和精神激励上。

  对于论文的指导,集中体现在论文答辩环节,教师可以和委员一起参与答辩的过程,在答辩的过程中,答辩委员的提问和建议可以为学生点拨研究思路、改进研究内容、指导研究方法,从而促使学生对自己的研究过程和结论作深入的反思,提高学生的研究能力。在听取学生的汇报结果之后,教师还可以就学生研究以及论文写作的不足之处,有针对性地安排关于研究方法的讨论或讲座。

课堂环节四:学生回答委员的问题。

生一:刚刚老师问我们在哪里找的资料,我想说的是我们周末去深圳图书馆和南山书城查找的资料,在二年级我们就学会了如何检索文献,我们论文后面有参考文献,主要是《丝绸的历史》、《中国丝绸文化史》、《丝路文化》这三本书,都有插图,很详细也很精彩。

生二:我负责的是"丝绸之作"里面的"织花"部分,和"图案"差不多吧。丝绸其实是一种薄得不能再薄的布料,但是里面值得我们研究的东西却不少。这里面有你们意想不到的针法(例如四大名绣:广绣、湘绣、苏绣、蜀绣)、历史(例如唐代的丝绸,汉代的丝绸)、图案(例如美妙的阿娜尔古丽式的丝绸)、制作过程(例如抽丝剥茧、烫染等等一些比较复杂的工艺)等。我们做到了这个地步,对丝绸的了解就多了很多。

> 生三：我们在去丝绸之路的路上看到了敦煌莫高窟的壁画，在博物馆听了关于丝绸的讲解，课文《丝绸之路》中汉代使者与安息国所交换礼品的场面让我们记忆深刻。后来我们查看书籍发现，汉代和当时的古罗马同样是雄霸一方的，那我们就想了解一下这两个国家哪个更厉害，所以就做了这个研究。对于板块的划分，我们也是经过几次商量和修改，最开始"百姓生活"里面没有"货币"，后来我们觉得没有钱怎么生活啊，就加进去了，我们只想作一个简单的对比。
>
> 生四：我们找到资料的时候都很激动，好像不是老师教的知识，不是课堂学来的，就特别让我们兴奋，每一个字我们看得都很认真，唯恐漏掉一个字，记得也很深刻。

实验效果

自 2008 年至今，邓玉琳老师的班级累计完成论文 1400 多篇，70% 以上为符合规范的优秀小论文，其中 3000 字以上的有 600 多篇；归类汇总文集 1 本，论文册 4 本以及网络、电子资源、博客若干；记录实验过程与答辩汇报视频及照片数千份；多次在省级、市级优秀刊物发表。2013 年 1 月，邓玉琳老师班级的六名学生赴北京参加由中国少年科学院举办的"第八届中国少年科学院'小院士'课题研究成果展示交流活动"，六名参赛者一共获得三个"小院士"，两个"预备小院士"，一个"研究员"的殊荣。此外，在同期广东省深圳市 2013 年学业能力抽测中，该班级以 95% 的优秀率独占鳌头。他们的成功不是偶然，五年的"小论文写作"成为这个班级走向成功的密码。

问题研讨

一、"小论文写作"的价值在哪里？

如果将现代学习方式与传统学习方式比较的话，那么体验性是现代学习方式的重要特征。"小论文写作"的价值就在于它是一种真实体验性的写作，它具有以下几个特征。

第一，"小论文写作"激发了学生与生俱来的探究兴趣。不管是"花有黑色的吗"、

"长颈鹿的脖子为什么那么长"还是"二战轴心国失败的原因分析"、"光的波粒二象性研究",它们都是孩子们自己感兴趣的问题,因而对孩子充满了吸引力,在探究这些问题的过程中,孩子们由知识的"被动接受者"变成了"主动发现者"。

第二,海量阅读使学生对知识的整体运用能力远远超过了同龄人。小论文写作需要阅读大量的书籍,在一本带动多本书的阅读中,学生体会到了阅读的广度和深度。由最开始的童话书籍、儿童文学书籍扩大到百科类、工具类、专业知识类书籍的阅读,扩大了阅读的视野,增加了知识的积累。在写小论文的过程中,孩子们发现,没有哪一个书架、哪一块的资料是对你没用的。相对于课堂常规学习,"小论文写作"要求作者具有足够宽广的知识容量,它们给予了学生终身学习所必不可少的可持续发展能力。

第三,渐趋严密的论文撰写格式养成了学生较强的逻辑思维能力。重视"个体内省"取向的作文教学,虽然有利于个性的张扬和"真情实感"的抒发,却容易固化为感性思维的模式,不利于培养交际性、事务性及面向社会公众的、适应现代社会生活的理性写作表达能力。① 如果说"文学性的散文"和"小文人语篇"着重于学生对自我感情的抒发和语感的培养的话,那么"小论文写作"恰好填补前者在逻辑思维能力训练上的缺陷。

二、"小论文写作"需要教师作出哪些改变?

课程改革是基础教育改革的重要环节,而教师与课程似乎永远不能割裂,无论实施哪种课程,都对教师角色提出了新的要求。"小论文写作"对我们中小学教师的角色转型提供了一些启示。

首先,教师要具备课程开发的意识。"在新课程中,教师必须站在课程系统的高度看待自己的教育教学工作,除了掌握必要的知识技能之外,更要了解课程的目标、内容、设置以及不同科目之间的联系,从宏观和整体上把握课程问题,才能确保教学方式、方法的有效性,才能做到引领新课程,这一切都要求教师应具有课程意识。"②2008年邓玉琳老师开始指导学生进行小论文写作时,只是抱着让孩子们多阅读的单纯心态,也许没想到5年之后她的教学实践会成为一种课程开发的模式。"在一定意义上说,教师是否具有课程意识将直接影响到课程改革的成败。"③

---

① 魏小娜. 语文科真实写作教学研究[D]. 西南大学,2009.
② 陈曙光,周兴国. 新课程的意识要求:从教学意识到课程意识[J]. 内蒙古师范大学学报(教育科版),2007,2.
③ 郭元祥. 教师的课程意识及其生成[J]. 教学研究,2003,06.

其次，教师要不断增强自己的研究素养。当你需要了解一个事物的本质时，"研究"是一个好方法。就像我们不希望学生向一位不会炒菜的教师学习烹饪一样，学生只有从具备研究能力的教师那里才能学会研究，因此，为了指导小论文的写作，教师就必须不断学习使自己具备较高的研究素养。

三、中国小学生"玩"得出大论文吗？

2011年3月，有人在一篇题为《中国小学生"玩"得出大论文吗？》的文章中指出："英国德文郡布莱克沃顿小学的25名小学生近日创造了一项科研传奇，他们观察大黄蜂觅食行为的研究成果，刊发在了国际学术刊物《生物学通讯》上。据称，这是国际学术刊物首次发表由小学生完成的科研论文。"[①]作者发出"英国的小学生'玩'得出大论文，中国的小学生'玩'得出什么呢？"的疑问。事实上，不止是该文章作者，对于中国的学生缺乏创造力和批判精神的质疑从未停止过，在国际上，普遍的观点认为中国学生"玩不出个性、搞不出创造、高分低能"。

深圳南山实验学校的"小论文写作"实验证明，中国的小学生能做研究，能写论文，也能写得很好。事实上，不止这一所学校，不止这一批学生，中国还有很多学校在进行教学方式和培养理念的突破，我们有理由相信，在未来的日子里，类似的质疑声会越来越少。

资源链接

1. （美）贝弗莉·安·秦著，周凯南译.小论文写作7堂必修课：美国中小学生研究性学习特训方案[M].北京：北京大学出版社，2009，06.
2. 张华主编.研究性教学论[M].上海：华东师范大学出版社，2010，11.
3. 荣维东.写作课程范式研究[D].上海：华东师范大学博士论文，2010.
4. 魏小娜.语文科真实写作教学研究[D].西南大学博士论文，2009.

后续学习活动

以下是《小论文写作7堂必修课：美国中小学生研究性学习特训方案》一书中指导学生"如何缩小论文题目"的两个策略，阅读并回答后面的问题。

---

① 心海.中国小学生"玩"得出大论文吗？[J].学苑创造C版，2011，03.

金字塔结构图

在纸上将自己的构思画出来,能有助于你清醒地思考。金字塔结构图就是一种十分有效的构思图,它能有效地帮助你缩小题目的范围。方法如下:取一张笔记本的空白纸,在第一行的中间写上综合性的题目。例如,在第一行写"植物",在第二行写了个比综合性题目范围要小的题目,这两个题目之间留出一些空间。你可以写"沙漠植物"和"雨林植物"等等。

在第三行,将第二行两个题目下各自分类处理的两个更小的题目写出来。在"沙漠植物"下面,你可以写"仙人掌"和"沙漠中的树木";在"雨林植物"下面,你可以写"在树上生长的植物"和"森林地表植物"。你可以这样继续缩小题目,直到得到一个合适的题目为止。但要注意的是,如果把题目缩得太小,最后的范围就会过窄!如果出现这种情况,你可以向上寻找一个范围合适的题目。

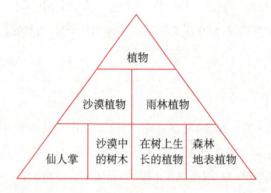

靶型结构图

也许你更喜欢用另外一种图来展示自己的构思——靶型结构图。如果你想写的构思的要点超过两个,那么靶型结构图用起来更方便。它能让你的思绪更自由地驰骋,你能逐渐找到最能吸引你的写作方向。

方法如下:在一张白纸中间画一个圆圈,围绕圆圈再画出几个更大的圆圈,这样,这张结构图看上去就像一个靶子。在中心的圆圈内,写下综合性的题目,然后,在外层圆圈中写下相关的范围较小的题目。可以看到,越往外圈走,题目的范围越窄。这样不断地列下去,你或许会加上更多的外围圆圈,直到得到一个范围合适的题目为止。

完成了靶型结构图后,你会发现自己的想法并不是从一个方向朝另外一个方向扩展,而是朝着各个方向扩展——这为你发现兴趣所在的区域提供了有用的线索。但是,你也可能已经超出了合理范围(沙漠树木),到达了范围更窄的题目(约书亚树、石碳酸灌木、猴面包树),这时,你必须退回去,避免题目的范围过窄。

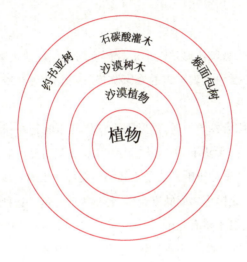

问题:
一、请分析该材料在语文综合性学习指导策略上的特点。
二、根据该材料的内容,对本案例的教学实施提出两条建议。

如何从教材选文中提炼综合性学习的主题
——《与时间赛跑》课例研讨

> **执教教师简介**

李金英，辽宁省鞍山市铁西区共同小学教师，中学高级教师，辽宁省骨干教师，多次执教国家、省、市观摩示范课，承担并完成多项研究课题。

> **课例导读**

本课例是由鞍山市教师进修学院小语教研室的几位教研员和李金英老师一起设计的，北京师范大学小学语文教材组的专家陈铮、谈文玉、张红玲、吴欣歆等老师给予了具体的指导。

老师们实施语文综合性学习时，经常遇到这样几个问题：一是不知如何选择活动的话题。要么选题太大，无从下手；要么选题太小，过于琐碎。话题选不好，活动方案的整体设计就会受到严重的影响。二是不知如何发挥学生的主体作用，教师往往越俎代庖，吃力不讨好。三是师生之间缺乏合作，各自为政。基于这种情况，我们选择了这个课例，试图解决的问题主要有三个：

1. 如何确定语文综合性学习的主题（包括大主题和小主题）？
2. 在语文综合性学习中如何充分发挥学生的主体地位？
3. 在语文综合性学习中如何促成教师与学生、学生与学生之间的合作？

> **热身活动**

阅读下面的问题，在符合自己情况的答案前打钩。

1. 在实施语文综合性学习时，你是如何确定活动主题的？
   A. 完全按照教材中给定的主题去做
   B. 根据自己的兴趣确定主题
   C. 与学生商量一起确定主题

D. 综合教材安排、学生需求和现有资源等情况确定主题

2. 在语文综合性学习过程中,你对学生活动是如何管理的?

A. 经常了解学生活动的情况,及时反馈调整

B. 除非学生求助,不会过问

C. 只看结果,不问过程

教学实录

第一板块　由课文入手,提炼活动主题

师：上课!

生：(起立,敬礼)老师,您好!

师：同学们好,请坐! 同学们,第十一单元的内容学习结束了,这一单元的主题是"快与慢"。在爬泰山的时候本应该是身负重担的挑山工爬得慢,游人应该先到达山顶,可是结果是什么?

生：结果是挑山工先到达了山顶。

　　　……

师：同学们,挑山工为什么能先到达山顶?

生：因为挑山工他们是一个劲地往前走,目标只有一个,而游人们却是走走停停看风景……

师：也就是说目标不定,对不对? 所以这句富有哲理的话蕴含着什么呢? 告诉我们什么呢?

生：告诉我们要朝着一个目标,坚持不懈地努力!

师：对,我们一定要明确目标,坚持不懈。(板书:明确目标,坚持不懈)记得《和时间赛跑》一课的作者林清玄也确定了一个目标,而且是坚持不懈,这个目标是什么?

生：和时间赛跑。

师：请问林清玄和时间赛跑的结果如何?

生：她赢了。

【要点提炼】教师和学生一起梳理本单元的第一篇课文《挑山工》。

师：可是我知道，人是存在于时间里的事物，所以人是不能和时间赛跑的，更不可能跑赢时间呀！书中是怎样解释"和时间赛跑"的？

生：书中是这样解释的：人可以在自己拥有的时间里快跑几步……作用却很大很大。（大屏幕出示这句话）

师：你是怎么理解这句话的意思？

生：这句话告诉我们：多做一些事就等于跑赢了时间。

师：哦，多做几件事，那你能举个例子吗？

生：比如我原来写作业需要三十分钟，现在只需要二十分钟了，余下的十分钟我可以多做一件事，就是预习明天老师要讲的内容。

师：你能做到"温故而知新"，真好！

师：那原来的十分钟浪费在哪儿了？

生：边写边玩，有时候还边写边吃。（学生哄堂大笑）

师：你这是三心二意（摸着孩子的头笑着说）。

生：（不好意思地笑了。）

师：所以这句话告诉我们什么了？

生：这句话告诉我们不要浪费时间，要多做一些事情。

生：告诉我们要在有限的时间内抓紧时间做更多的事情，那么，就等于跑赢了时间。

师：是啊，时间就像海绵里的水……（师引导背诵"畅所欲言"中的名言）

生：时间，就像海绵里的水，只要愿挤，总还是有的。

师：在今天和明天之间？

生：在今天和明天之间有一段很长的时间。趁你还有精神的时候，学习迅速地办事。

师：（大屏幕出示"畅所欲言"中的有关名言）

生：这些名言都是在告诉我们：要珍惜时间，要在有限的时间内做更多的事情。（板书：抓紧时间，做更多的事）

> 教师非常注意倾听。当听到说"多做一些事就等于跑赢了时间"时，就顺势引导："那你能举个例子吗？"从而将概括性的语言具体化，一方面训练了学生的语言表达能力；一方面引导学生联系生活，加深了对林清玄这句话的理解。

> 【要点提炼】教师和学生一起梳理本单元的第二篇课文：《与时间赛跑》。

师：既然要在有限的时间内做更多的事，那好了，我就加快速度，不要质量，胡子眉毛一把抓。

生：不行！

师：我是心急如焚呀！因为我要下楼玩，可是我作业还没写完，我糊弄糊弄算了。（故扮焦急的样子）

生：不行！

师：我现在的情形是迫在眉睫、危在旦夕、岌岌可危，我不能冷静啦——（大屏幕随机出现"日积月累"中的词语：危如累卵、迫在眉睫、危在旦夕、岌岌可危……）

生：不行！不行！（生直摇头）

师：为什么？

生：因为"欲速则不达"。

师："欲速则不达"是什么意思？

生：这句话是说人在情急的情况下，容易失去理智，就像大屏幕上那些情况——"危在旦夕"、"心急如焚"，都容易让人慌乱、出错，选择了错误的方法，结果反而慢了。所以，不能性急图快，否则，达不到目标。

师：说得好。能概括地说说《欲速则不达》告诉了我们什么吗？

生：告诉我们要选择正确的方法，合理安排时间。（板书：合理安排时间）

师：很好，要选择正确的方法，合理地安排时间，否则，就会——

生：欲速则不达。（齐答）

师：见小利……（引背"读一读"中的名言）

师：（指板书）这一单元都在告诉我们，一定要明确目标，坚持不懈，而且要抓紧时间，做更多的事，同时要选择正确的方法，合理地安排时间。那么综合起来，整个单元向我们传达了一个怎样的信息？或者告诉我们什么？

生：不能浪费时间。

生：要珍惜时间，合理安排时间。

【要点提炼】教师和学生一起梳理第三篇课文《欲速则不达》，并集中呈现本单元要积累的词语。同时为学生小主题的确定埋下伏笔。

师：可是我知道"纸上得来终觉浅，绝知此事要躬行"。大家刚才说得都非常好，都知道要珍惜时间，那么我们怎么才能做到不是把珍惜时间挂在嘴上，而是记在心里，并付诸于行动呢？我们今天要开展一个以"和时间赛跑"为主题的综合性学习活动，我们这节课要做的是活动前的准备。

【要点评议】

本板块，教师引导学生回顾梳理了主题单元中的三篇课文，在归纳每篇课文主旨的基础上，分析了编者这样安排教材的意图：一个想有所作为的人，必须在认准目标、坚持不懈的同时，珍惜时间、合理安排时间，这样，目标才有可能达成。同时，这样的梳理也为学生确定各自的小主题做了一个较好的铺垫。细细品味，教师设计可谓匠心独具，思维严谨。它给了我们以下三点启示：

1. 综合性学习的主题可以从教材中得出，这样确定主题有利于学生对本单元学习内容做进一步的理解和消化，也有利于建立课本与生活的联系，实现语文与生活的融合。

2. 教师对学生发言的恰到好处的评价，是课堂有效性的保障。要做到评价恰到好处，教师首先要对每一堂课的教学目标了然于胸，清楚这堂课到底要干什么。其次，教师要善于倾听和回应，这样才能起到点拨和引领的作用。

3. 建立民主、融洽的师生关系是让课堂焕发出生命活力的前提。教师对学生的爱和尊重体现在课堂上的一言一行中：一句发自内心的称赞，一个亲切的微笑，一个充满信任和鼓励的眼神，都会让学生倍感温暖。惟有如此，学生才会在无障碍、无压力的状态下畅所欲言，说出他自己真正想说的话，而不是揣度、迎合老师的心思。

第二板块　围绕主题进行活动前的指导

师：结合刚才我们对教材的梳理，如果我们要以"和时间赛跑"为主题开展活动的

话，你准备开展哪些活动？你有什么好的想法和大家交流？（独自思考3分钟）

生：我想要合理安排一下自己的时间。

生：我读了"开卷有益"里的《效率专家爸爸》深受启发，我觉得我们可以围绕这个主题开展提高生活和学习效率的活动，比如说我们可以采访效率专家妈妈，学学她们的方法。

师：这个想法很好！有谁和她有相似的想法？

生：我们可以采访一下学习效率高的同学，然后借鉴并推广一下他们的经验。

生：我们可以帮助学习效率低的同学，帮助他们找找原因，然后帮他们提高学习效率。

师：这名同学应该给予表扬，她要帮助学习效率低的同学，帮他们提高效率，这是助人为乐的表现。

师：以上这些同学的想法都和效率有关，老师想问：如果把有这个想法的同学组成一个小组，我们应该叫它什么小组？

生：我觉得应该叫"提高效率小组"。

生：我想可以叫"效率专家小组"。

师：哎！这个名字起得还是蛮贴切的。好，我们就暂定叫作"效率专家小组"（板书：效率专家），如果你的想法也和提高效率有关，就选择这个小组。

师：刚才我听到有位同学说要合理安排自己的时间，我觉得你可以到"效率专家"小组。

生：不，我想独立成一个小组，因为他们组是在用别人的方法提高自己的效率，我想我们是不是可以自己通过实践合理安排一下自己的学习生活，然后再向大家推荐。

师：请问你想自己安排自己的什么方面的时间？

生：比如说放学后的时间，节假日的时间，双休日的时间等等。

师：那你自己给自己组起个名字吧。

生："合理安排时间"小组。

师：好（板书：合理安排时间）谁还有其他想法？

生：我有个想法，因为有些人不重视一分钟，认为一分钟浪费了就浪费了，但是一

【观察者点评】你觉得让学生思考3分钟有必要吗？

天浪费一分钟,一天浪费一分钟,积累起来就是很长的时间,所以我们可以实践一分钟能做多少事……

师：你的意思是就抓住一分钟对吗？看一分钟能做多少事？你的目的是什么？

生：我想让同学知道一分钟的意义,珍惜每一分每一秒。

生：对,我也是这样想的,我觉得我们可以自己先尝试一分钟能写多少字,读多少字,算多少题,亲身体验一下一分钟的价值。

师：他们的想法就是要抓住一分钟去实践,探究一分钟的价值。那么你们给这个小组起个什么名字？

生：一分钟的价值。

生：争分夺秒小组。

生：分秒必争小组。

师：（指着第一个提出这一想法的学生）你看,到底是哪个名字好？

生：我选择"分秒必争"小组。

（接着,教师引导学生组成了"日积月累小组"和"自我完善"小组）

师：现在已经有五个小组了,还有好的想法吗？我可是准备了六七个签呢！既然没有了,现在就根据自己的兴趣,选择你喜欢的小组,去和他们一起做活动前的任务安排吧。当然有的同学既想去这个组又想去那个组,那老师希望你看哪个组的力量薄弱一些,你就去那个组,成为其中一份必不可少的力量。开始！

生：（自由组合小组,选出组长）

【要点评议】

第二板块的任务主要是引导学生将大主题细化为若干小主题。从实录中我们可以看到,围绕与时间赛跑这一主题,师生将一个大的主题细化为效率专家、合理安排时间、分秒必争、日积月累、自我完善五个小组,每个小主题从不同角度切入,探讨如何与时间赛跑,彼此并行不悖。此环节给我们的启发是：

第一,教师事先要将学生可能会有的想法考虑周全,比如与时间赛跑,无外乎珍惜时间的好处、如何珍惜时间、珍惜时间的名言警句、珍惜时间的名人轶事等等。教师心里有了这样一个大致的框架,就能在实际教学中游刃有余,且有针对性,从而使教学富有实效。

第二,教师在课堂上要"目中有人"。上课伊始,教师就应该摆脱教案的束缚,全身心地投入到课堂当中,专注地赏析作为主角的每一个学生的发言,并快速作出判断、回应,或肯定、或质疑、或指导。这样,才能引发思维的碰撞,智慧的分享,才能将问题梳理出来,为后续的实践活动做好准备。

第三板块　制订具体活动安排

师:既然大家组合好小组了,请选出一名组长,然后到前面取一张表格(表格样式如下)。

活动前的准备			
小组名称			
活动目的			
分工	任务	负责人	途径
预设困难			
预设活动效果			

生:(组长带领大家一起填表格,详细安排活动内容,时间为8分钟)
师:(游走于各组之间,参与、鼓励、指导、点拨)

师：看来大家都填好了。下面请各组长到前面向大家汇报一下你们小组活动前的准备情况。其他组的成员认真听，看看他们组的安排合理吗？或者你有什么好的建议，都可以提，他们会接受的。

生（一组组长）：我们小组是分秒必争小组。我们小组的王跃同学，负责上网查找本杰明的《一分钟的价值》；赵倩同学负责采访运动员一分钟能跑多少米……我负责做幻灯片，策划展示形式。

师：你们预设的困难是——

生：幻灯片不会做。

师：预设的效果是——

生：通过这项活动，使同学们在日常学习、生活中都能做到分秒必争。

师：该组幻灯片不会做，有没有同学可以帮助他？

生：老师，我可以帮助他。

师：好，困难解决完了。那么大家对这个小组的活动内容安排有什么更好的建议吗？

生：希望他们小组有互动。比如，有一名同学计时，一组写字，一组算题，一组朗读。来，一分钟，开始！然后大家一块来感受一分钟的价值。

师：（发现一生没有注意听讲）王金阳同学，刚才那位同学说什么了？

生：（惭愧地）没听到。

师：是室外的声音太大还是你没有认真听？浪费时间了吧！他刚才说了，希望"争分夺秒"小组有一个互动，让大家都来通过亲身实践认识一分钟的价值，听懂了么？

生：（不好意思地点点头）

师：下面请下一个小组来汇报！

（剩下的四个小组分别汇报本组的准备情况）

> 教师提供的表格为学生的准备活动提供了明确的内容和方向，有利于提高小组合作的效率。

【要点评议】

第三板块是小组制订活动方案及交流汇报、完善方案。它给我们的启示是:(1)活动小组成员的确定要体现学生自愿的原则,组员之间要有明确的分工与合作,责任到人,人人参与,合作完成。(2)活动方案包括活动名称、活动目的、研究方法(途径)、参与人员、具体任务分工、预设困难及解决方案以及活动预期效果,甚至是必要的物质准备也要考虑清楚。(3)各组活动方案完成之后,还要进行展示交流,以听取意见、完善方案。

第四板块　明确要求,总结激励

师: 好,看来你们活动前的准备已经做好了,而且分工很明确,同时互相帮助提出建议、解决困难,非常好! 老师也会积极参与到你们的活动当中,希望大家有收获,有快乐。同时老师向大家提几点要求:
一、要合理地安排时间,使综合实践活动有条不紊;
二、实践活动必须真实有效,活动中要团结合作;
三、活动展示形式不限,全员参与,要求有中心发言人;四、有互动加分。我临时加一个,就是有材料也加分。例如小简报,哪怕一个小组发一个简报,使大家在活动之后有一个借鉴。当然,加分不是目的,目的是使同学们能感受到和大家一起分享果实的快乐。

> 在活动开展之前明确要求非常必要,要求明确了,活动起来才会心中有数。

师: 既然我们大家一切都准备好了,那我们还等什么,让我们一起和时间赛跑吧!
(师生齐说)

师: 下课!

问题研讨

一、如何确定语文综合性学习活动的主题?

确定语文综合性学习活动的主题要体现"三依"的原则。一是依据课标。语文课标指出,开展语文综合性学习要使学生能够"提出学习和生活中的问题"(第二学段),它强调了选题要从学生的学习中来,到学生的生活中去。本课例的活动主题"与时间赛跑"就很好地体现了这一要求。**二是依据教材**。要结合教材去探寻作者的写作目的，从中比较、筛选，确定主题。《快与慢》是北师大版小学语文四年级下册第十一单元的主题。教师从三篇课文入手，与学生一同回顾课文内容，从中提炼出编者及作者所要传达的意图，从而确定了活动的大主题：珍惜时间，并在此基础上引导学生自主确定了小主题。**三是依据学生**。要依据学生的实际，从学生的学习能力、学习状态、学习兴趣、学习环境等多种要素出发，确定实践主题。在本课例的教学中，李老师充分考虑了这些要素，她从学生出发，给予学生充分的自主和尊重，为学生后续的主动探究奠定了基础。

二、如何在活动组织中凸显学生的主体地位？

语文课程标准在"教学建议"中写道："综合性学习应突出学生的自主性，重视学生主动积极的参与精神，主要由学生自行设计和组织活动，特别注重探索和研究的过程，要加强教师在各环节中的指导作用。"纵观本课例的整个活动过程，我们发现，从各个小主题的确定，到活动小组的建立，再到自行设计活动方案和小组汇报，教师都充分发挥了学生的主体作用。这里没有老师唯我独尊式的主观意识的强加，只有促膝谈心般的和谐平等的交流，学生参与积极、活动充分，真正成了课堂的主人。

三、如何加强学生的合作？

新课程非常关注培养学生的合作精神，为了体现这一要求，李老师在这节课上做了很大的努力。

（一）引导每个小组设置共同的活动目标

社会心理学的经典实验**"明茨实验"**证实：不同的目标结构对人们完成任务有重大的影响。小组合作学习把"不求人人成功，但求人人进步"作为教学评价的最终目标，把个人之间的竞争变为小组间的竞争，形成组内合作、组间竞争的格局。在这种目标结构中，小组成员有着共同的期望和目标定向，"人人为我，我为人人"，改变了单纯的"输——赢"关系，极大地消除了对于竞争失败的恐惧，因而更利于激发学生学习的兴趣和动机。在本课例中，李老师充分尊重学生，让各组设定活动目的、活动任务以及人员分工，目的就在于确立一种基于合作的目标结构，激发学生参与活动的动机。

（二）引导学生学会倾听他人的发言，尊重他人的观点

在整个教学中，教师善于调控，并以身作则，使全体学生学会倾听他人发言。无论是教师还是学生，均能使用言语信号（如我赞同他的说法）或非言语信号（如目光确定、侧耳倾听、教师慈爱抚摸）作出积极的信息交流。很多学生不但能做到不随意打断他

人发言、尊重他人的意见,而且能够在认真倾听的基础上,有礼貌地、条理清晰地提出自己的建议。

(三)创造师生平等交流的氛围

"参与的基础不是服从,而是平等。"教师与学生之间的平等,会让学生少一些心理障碍,学生亦会将老师当作学习上的伙伴,实现真正的对话与交流。教师要真正走进学生的内心,就必须了解学生的思维特点及其发展水平,以孩子的视角看孩子,理解并尊重学生的情感体验。李老师已和学生生活了两年之久,两年来,老师的一言一行深深地影响着学生,师生之间形成了一种互相尊重、民主和谐的氛围。在这样的氛围中,学生"能更多地意识到个人的力量,能为作为他或她自己生活的设计师而变得日益自我主导和富有创造性",而不必担心被人指责和嘲笑。

(本案例由辽宁鞍山教师进修学院初教部副主任、语文教研员徐丽艳老师点评)

资源链接

1. (日)佐藤学著,钟启泉译. 课程与教师[M]. 北京:教育科学出版社,2003.
2. 朱绍禹著. 语文课程与教学论[M]. 北京:高等教育出版社,2005.
3. 黄伟,陈尚达主编. 语文综合性学习研究与教学设计[M]. 桂林:广西教育出版社,2005.
4. 郑国民主编. 语文课程改革研究[M]. 北京:北京师范大学出版社,2003.

后续学习活动

任务1:你认为语文综合性学习的活动设计与教科书选文之间应该是什么关系?

任务2:从你正在使用的语文教材中选取一个单元,根据单元内容确定一个语文综合性学习的主题,并说说确定这一主题的原因。

初中语文综合性学习案例

语文综合性学习的内容确定和程序设计
——《演讲》课例研讨

执教教师简介

刘学勤,河南省商丘市民权县实验中学教师,中学高级教师。商丘市优质课教师,商丘市技能大赛一等奖获得者,商丘市名师。

课例导读

本课例是申宣成攻读博士学位期间与实验学校的教师合作开展的一个案例研究。此案例历时一个学期,共包括12个课时,这里不可能将每个课时的情况一一描述,所以采用总体过程描述、典型课案和教学实录相结合的形式呈现。

《义务教育语文课程标准(2011年版)》对学生的演讲能力作了明确的要求:"能就适当的话题作即席讲话和有准备的主题演讲,有自己的观点,有一定的说服力。"为了落实这一要求,几乎每个版本的初中语文教科书都安排了演讲活动,如,语文版和苏教版教科书分别将它安排在八年级下册的第4和第6单元里,人教版和河北版都将它安排在九年级上册第2单元里。可以说,对初中生演讲能力的重视是课程标准制订者和教材编者的共识。

但从实际的课程实施来看,演讲活动开展得并不理想。其问题主要体现在三个方面:一是教科书对演讲活动的设计较为粗糙;二是许多教师缺乏与演讲相关的知识,对于演讲活动教什么和怎么教心里没数;三是很多教师和学生认为演讲与考试无关,教学的积极性不高。

为此,我们选择本案例供大家研讨,希望在以下三个方面对大家有所启示:

1. 语文综合性学习的设计程序是什么?
2. 如何确定合宜的演讲课程内容?
3. 实施语文综合性学习会对学生的考试成绩带来怎样的影响?

热身活动

阅读课例之前,请回答下面的问题:

1. 假如学校领导要求你在新学期为全校学生作一次语文学习方法的讲座,你的第一感觉是什么?

2. 你读过专门介绍演讲技巧的书籍或杂志吗?请写出其中两本的名字。著作(杂志)一:_____ 著作(杂志)二:_____

3. 请写出你认为最重要的三条演讲技巧:

技巧一:_____

技巧二:_____

技巧三:_____

实施过程

一、基于课程标准确定学习目标

2010年1月26—27日,民权县实验中学正在组织2009—2010学年度上学期的期末考试,26日下午,演讲案例研究项目组在该校召开了第一次研讨会,主要做了以下几项工作:

1. 申宣成向项目组成员介绍了本案例研究的目标和思路,讨论了案例研究的实施策略尤其是以表现性评价促进语文综合性学习的策略。因为大部分参与讨论的教师对表现性评价都很陌生,申宣成为大家提供了《促进学习的学生参与式课堂评价》、

《课堂教学评分规则:用表现性评价准则提高学生成绩》等书籍,要求大家在期末考试之后,利用寒假的时间仔细阅读。

2. 提醒大家注意收集前测数据,并特别关照教务处工作人员以及刘老师要保存好学生的学业成绩,以便和下学期期末的成绩作对比分析。

3. 确定了研究的正常交流机制,如 QQ 音频会议、实验学校和班级的博客更新等。

27 日上午,申宣成和刘学勤、马瑞芳以及其他几位旁听的语文教师一起讨论了语文课程标准,并锁定了其中与演讲相关的主要内容:

1. 能就适当的话题作即席演讲和有准备的主题演讲,有自己的观点,有一定的说服力。

2. 能注意对象和场合,学习文明得体地进行交流。

3. 自信、负责地表达自己的观点,做到清楚、连贯、不偏离话题。

4. 掌握查找资料、引用资料的基本方法,分清原始资料与间接资料的主要差别;学会注明所援引资料的出处。

5. 能自主组织学习活动,在活动过程中体验合作与成功的喜悦。

基于以上这些目标,结合实验班学生的具体情况,项目组最终确定了本学期演讲活动的具体目标:

1. 围绕一个主题,自信、积极地陈述个人的观点。

2. 根据听众的知识背景调整信息,以吸引听众的兴趣。

3. 利用合适的言语提示和眼神交流吸引听众的注意力。

4. 参与小组活动时能够积极发表自己的看法。

5. 倾听、分享、支持同伴的工作,增加小组的凝聚力。

【要点评议】

在语文综合性学习的设计中,确定清晰的学习目标至关重要。很多教师在设计语文综合性学习时,往往只追求活动的新奇有趣,却没有认真考虑活动之后要让学生学到什么东西、获得哪些技能,认为语文综合性学习就是"不看结果,只看过程",结果导致"热热闹闹,无果而终"。这既是语文综合性学习设计的"软肋",也是课程史上以探究为主要形式的活动教学饱受争议的主

> 要原因。美国课程专家汤姆林森将目标不明的活动设计称为"模糊的设计",有人则更直接地将之称为"软教育"。
>
> 由此可见,在语文综合性学习中,我们始终应该把学习目标作为活动设计的逻辑起点和归宿。这就是说,尽管我们组织语文综合性学习的很多灵感来源于对某种活动的形式或内容的兴趣,但一旦确定将它设计为语文活动,则必须首先考虑我们为什么要开展这个活动,开展这个活动能够让学生得到什么,特别是在语文学习领域得到什么。否则,就极有可能陷入"为活动而活动"的泥淖中。

确定了学习目标之后,申宣成请刘学勤和马瑞芳老师利用寒假的时间构思撰写演讲活动的课程纲要和评分规则。为了帮助她们了解课程纲要的作用和写法,申宣成向她们提供了《课程改革的理念:师范生读本》、《有效教学》两本书,其中有关于课程纲要的作用和写法的详细介绍。为了便于她们开发演讲的评分规则,申宣成给了她们《卢卡斯的演讲艺术(第7版)》一书,这是一本专门介绍公共演讲技巧的著作。

【观察者点评】你在语文综合性学习中是否尝试过用评分规则来评估学生的表现?

即便是有这些专业书籍作为参考,在撰写课程纲要和评分规则的过程中,刘老师和马老师还是遇到了一些困难,尤其在演讲的评分规则的制订方面,她们费了很大的力气,因为之前尽管也上过关于演讲的课,做过此类活动,但是,一旦要把头脑中的知识条理化,还是要花很多功夫。在评分规则的初稿开发完成之后,刘老师和马老师感慨地说:"原来开发评分规则的过程就是进一步梳理和明晰课程内容的过程。"

二、表现任务的设计与评分规则的开发

2010年春节过后,学校刚开学,项目组进行了第二次研讨,讨论并确定了刘学勤老师和马瑞芳老师提供的课程纲要及评分规则。

演讲课程纲要

课程类型:语文综合性学习——演讲　　　授课对象:八年级学生

课程开发:刘学勤 马瑞芳　授课教师:刘学勤　授课时间:12课时

课程目标
1. 围绕一个主题,自信、积极地表达个人的观点。
2. 根据听众的知识背景调整信息,以吸引听众的兴趣。
3. 利用提示卡片、多媒体演示(PPT)等工具辅助演讲。
4. 利用合适的言语提示和眼神交流吸引听众的注意力。
5. 参与小组活动时,能够积极发表自己的看法。
6. 倾听、分享、支持同伴的工作,增加小组的凝聚力。

课程评价
评价主要采用表现性评价的方式,借助评分规则,促进教师、同伴对教学的反馈指导和学生自己的反思提高,实现教师评价、学生互评和学生自评的结合,并授予学生"初级/中级/高级演讲师"的称号。

课程实施
[课时1]与学生分享《课程纲要》;分组;建立小组互赖关系。

[课时2]观看本校教师的师德报告会演讲视频。

[课时3]分组讨论教师演讲的优点和缺点,总结出演讲的评分规则。

[课时4、5(连上)]以"我有一个梦想"为题,以小组为单位组织演讲(主要关注演讲内容和表达两个要素);根据评分规则,进行自评和小组内的互评。

[课时6]观看俞敏洪的励志演讲视频,对照评分规则进行小组内的讨论。

[课时7、8(连上)]以"我有一个梦想"为题,每个小组推选一名演讲者,参加班级演讲会;学生和教师评委对照评分规则给演讲者评分,并反思演讲的优点和缺点。(重点考虑内容和表达两个要素)

[课时9]小组内自选题目进行演讲(重点考虑条理和语言两个要素)。

[课时10、11(连上)]每个小组推选一名演讲者(上次已经推选的不再重复)参加班级演讲,从内容、表达、条理和语言等要素进行评价。

[课时12]总结。回放学生演讲的精彩视频,根据表现授予"初级/中级/高级演讲师"称号,邀请学生家长和学校领导等参与颁奖。

课程资源

民权县实验中学校长办公室提供的本校教师演讲视频;从互联网上下载的演讲视频,如俞敏洪的励志演讲、李阳的疯狂英语演讲、邹越的演讲等。

演讲评分规则

	4	3	2	1
内容	紧扣主题,富有趣味;以多种形式和听众互动,如现场提问等	能围绕主题进行,有两处偏离了主题;听众容易理解演讲内容	有两处内容偏离了主题;使用了许多生僻的词汇和术语	基本与主题无关;只关注自己,忽视听众和周围的环境
条理	开始即点明了主题;结构清晰,有过渡和总结	听众能归纳出演讲的层次;可以形成演讲大纲	有三处跳跃或重复,听众不能形成演讲大纲	内容颠三倒四,让人摸不着头脑
语调和语速	声音高低起伏,能用顿挫突出重点、传达感情;速度快慢适中,发音清晰,没有口头禅	音量适中,但有两处音量的高低处理不当或未能根据表达的需要而变换语速;有三处发音不清	声音过低或过高;速度过快或过慢;有四五处发音不清,有口头禅,如"啊"、"你知道"等	声音太低或速度过快,大部分内容听不清
态势语	和听众有充分的目光接触,手势、移动、点头等肢体语言很自然	有三四次目光游离了观众或肢体,语言显得不合适	有五六次目光游离了观众,仅偶尔使用肢体语言	和听众几乎没有目光接触,没有使用肢体语言
语法	有一两处语法错误;句式结构富于变化	有三四处语法错误;句式的结构有变化	有五六处语法错误;句式简单或杂糅	语法错误在六处以上;句式杂糅,没有变化

总体评价:

最终等级:

【要点评议】

该课程纲要的设计较好地体现了语文综合性学习"在'做'中学"的理念,具体表现在以下三个方面。

一是为学生安排了四次公开演讲的实践机会。在12个课时中,学生至少有四次进行演讲实践的机会,其中两次是在小组内进行的(课时4和课时9),每个学生都要参与演讲,这样就使每个学生都有练习的机会;另外两次则是全班的展示,每个小组推选一个学生参与。这样一来,就有1/4的学生要在全班学生面前展示自己的演讲能力。在这些同学演讲的同时,每个小组要推出一个学生做评委,加上主持人、记分员等"义工",几乎每个学生都能参与到活动中。

二是提供了三种类型的演讲样例。其一是本校教师的演讲视频,让学生看到自己身边的教师是如何进行公开演讲的;其二是俞敏洪等成功人士的演讲,让学生感受演讲家的风格;其三是学生代表的演讲,让学生品评同伴的表现。

三是让评价设计先于教学设计,也就是说,在活动实施之前,教师已经和学生一起预见了将要得到的学习结果,对于什么是好的演讲形成了清晰的图像。可以说,一个好的评分规则中就已经包括了合宜的教学内容。当然,在教学的过程中,一定还会生成很多东西,但它们和预设并不矛盾;相反,两者是辩证统一的关系,良好的预设是生成的基础。所谓"凡事预则立,不预则废",说的就是这个道理。

这样的课程设计融教、学、评于一体,让学生在"听、看、想、做"的过程中反复实践,从而达到使技能螺旋上升的目的。其过程可以用下图来表示。

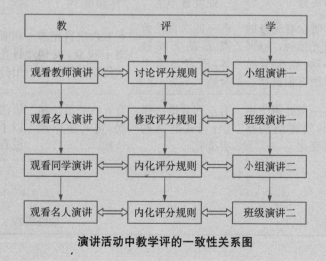

演讲活动中教学评的一致性关系图

由于这种设计强调把某个学习阶段(如某个学期、学年或学段)的语文综合性学习活动聚焦于某一种或几种活动类型上,从而使该阶段的各个活动形成一个彼此关联、循序渐进的"任务链",于是,我们将这种设计思路命名为"集束式设计"。

(三) 运用评分规则引领教与学

在设计好课程纲要和评分规则之后,刘老师就按部就班地进入了课程实施的阶段。在实施的过程中,马瑞芳老师作为项目联系人,在提供资源、组织活动等方面给予了刘老师很大的帮助。

在具体实施每个课时之前,刘老师都做了充分的准备,在精心设计活动的任务和程序的同时,她总是尽可能多地让学生参与评分规则的制订并使用合作学习的方式。以下是第 4 和第 5 两个课时的教学设计。

演讲教学设计(第4—5课时)

学习目标

1. 围绕"我的梦想"这一主题展开自己的观点
2. 通过叙述个人经历、描述故事以及列举名言、数据等支撑自己的观点
3. 利用目光接触、肢体语言(移动、手势、点头等)、图片或 PPT 等工具吸引听众
4. 采用适中的音量和语速,并根据表达的需要抑扬顿挫

学与教的活动设计

教师活动	学生活动
活动1　小组内的故事分享 ● 把学生分成 4—5 人的小组,各小组指定组织者和计时员 ● 布置小组活动任务:用 5 分钟的时间,准备一个不超过 1 分钟的发言;同小组成员分享自己的梦想,并说出产生这一梦想的两个原因。要求:说话时必须和小组成员保持目光接触,如果认为必要,可以准备一个演讲提示卡,提示卡要求不能是一段话,而只能是简单的句子和词语,对于一个 1 分钟的陈述来说,5 个句子或词语就足够了。提示卡模板如下: 　我的梦想是…… 　产生这个梦想是因为这样一次经历/一句名言/一个故事……	分组 准备小组内的陈述并制作提示卡 轮流在小组内陈述自己的梦想 在提示卡的背面记下并进行自我反思和评价

续表

教师活动	学生活动
• 当你的陈述结束之后，听别人的陈述，并在提示卡的背面回答这样三个问题： 　■ 我讲的内容小组中的其他同学感兴趣吗？ 　■ 我清楚地表达自己的想法了吗？ 　■ 发言之前的准备以及提示卡有作用吗？	
活动2　样例的鉴赏和讨论 • 用1分钟的时间简介俞敏洪的事迹和影响 • 播放俞敏洪励志演讲视频（20分钟） • 布置小组活动任务，每个小组选定一个记录人，记录小组内对下列问题的讨论结果，并与其他小组分享 　■ 演讲的主题是什么？观点是什么？ 　■ 演讲者提供了哪些证据证明自己的观点？ 　■ 演讲者是如何和听众交流并吸引听众注意力的？	观看俞敏洪励志演讲视频（20分钟） 按照活动1分成的小组，开展小组内的讨论；每个小组确定一个记录人，记下小组的意见，在小组之间交流讨论的结果
活动3　明确评分规则 • 根据各个小组讨论的结果，从内容和表达的角度分析好的演讲是什么样子的，进而出示演讲的分项评分规则。（教师应该提示学生，演讲的要素除了内容和表达之外，还包括条理和语言，但是这次活动关注的要素是内容和表达） • 布置任务：结合评分规则，每个小组成员准备一个3分钟左右的演讲，在小组演讲评定的基础上，推选一位选手参加班级的演讲展示。每个小组同时选出一位评分员，作为班级演讲展示的评委，其余同学为听众。（各小组内的演讲准备及展示均在课外时间进行，但是本次参加的班级演讲展示的同学下次活动将不再展示）	讨论并学习演讲的评分规则
活动4　班级演讲展示 • 请各个小组的组织者对本小组的演讲活动做简单的总结 • 选定两个学生主持人，主持学生的演讲展示 • 观摩并协助主持人组织演讲 • 对学生的典型表现做好记录，作为教学总结的证据	各个小组的组织者对本小组的演讲活动做简单的总结 主持人从观众中选择几位记分员作为"义工"，统计每位演讲者的得分 演讲展示 各小组推选的评委根据评分规则给每个演讲者评分

续表

教师活动	学生活动
	每个演讲者演讲结束后,主持人抽取3个听众的评分加入总分
活动5　总结与反思 ● 根据评分规则总结演讲者的表现 ● 向每位参加演讲的学生颁发学生自制的奖状 ● 对评分员、义工和听众表示感谢 ● 发放自我活动自我评价表	填写活动自我评价表

【要点评议】

　　在这两个课时的设计中,刘老师至少在五个方面作了努力:一是提供了具体周密的活动设计,使活动高效有序;二是提供了名人的演讲视频作为样例,使学生对什么是好的演讲有了具体的认识;三是在样例的基础上,让学生参与评分规则的制定,使学生对什么是好的演讲有了理性的认识;四是利用问题和自我评价表的形式引导学生对语文综合性学习活动进行反思;五是将自主学习和合作学习结合在一起。这些都充分体现了以评价引领教学的设计理念。

课时9的课堂实录

课题:小组演讲分享

时间:2010年4月2日

地点:学校多媒体教室

一、学生演讲

1. 学生进行课堂三分钟演讲《学会感恩》(演讲实际5分钟,超时了)

2. 学生点评

生1:优点:声音洪亮,充满激情。演讲运用了比喻和排比,很能吸引人。

　　　缺点:没有态势语,下去时慌张跑下去了。

生2：选材好，演讲内容很有教育意义。

生3：仪态大方，演讲时眼睛看着听众。

生4：没有口头禅。演讲时引用了名言，很有说服力。

生7：演讲的语速有点快。

教师总结：王艺润同学的演讲很精彩，同学们的点评也很到位。到今天为止，我们共有54位同学进行了演讲，现在请同学们拿出你对每位同学演讲点评的记录本，以小组为单位进行讨论，总结出大家演讲中的共性问题。(1分钟)

二、小组讨论。(学生讨论很热烈，每组都自觉地选出了发言人和记录员)(7分钟)

(教师在屏幕上显示：我们演讲中表现出的不足之处有)

> 这是教学的第一个环节，包括两个步骤，一是请一个学生登台演讲，这样就提供了一个点评的样例。第二步是由学生点评，从学生的点评中可以发现，学生对演讲已经有了一些心得，这显然是多次研究琢磨的结果，体现了集束式设计的优势。由此教师自然引入到下一个教学环节。

小组汇报(老师把学生的发言及时打到了大屏幕上)(30分钟)

1组：表情不自然，胆怯。吐字不清晰，语速不流畅，目光不敢和大家接触。演讲缺少激情。

师：后面小组的发言只能对前面同学的发言进行补充，不要重复。

2组：演讲声音太小，听不清楚，让大家觉得吐字不清晰。仪态不自然，低头上台，缺少肢体语言。

师：对第一组"吐字不清晰"的原因做了解释。

3组：经过我们小组的总结，发现很多同学演讲时不能脱稿，演讲没有感情。

4组：演讲的同学声音控制不住(大家大笑)。(自己纠正)声音高低控制得不好。(其他同学补充)不能做到抑扬顿挫。

5组：演讲稿抄书上的多，自己写的少。演讲内容同学们不感兴趣。

6组：演讲的同学都是自己在说，没有和同学互动。

7组：演讲的同学不能从生活中选材，演讲不能引起大家的兴趣。

师：还有要补充的吗？如果没有，大家看一看，刚才同学们的发言有点乱，我们来给它进行归类，看怎样调整。

生1：按照感情、语速、仪态、演讲内容分成四大类。

师：你的分类很合理，按你的分类读给大家听听。

（学生按照自己的分类读屏幕上的总结）

生2：应该把重复的去掉，表情不自然和仪态不自然重复了；演讲没有感情和演讲缺少激情重复了。保留一个就行了。

（教师按照学生说的调整了同学的总结发言）

感情：演讲缺少激情。

语速：语速不流畅，吐字不清晰，不能做到抑扬顿挫。

仪态：表情不自然，胆怯，目光不敢和大家接触。

内容：演讲稿抄书上的多，自己写的少，不能从生活中选材。演讲内容同学们不感兴趣。

【要点评议】

　　这是教学的第二个环节，也是教学的主体，它也可以分为两个步骤，一是让学生分组讨论演讲的评分规则，此处我们需要注意，本来，教师自己已经尝试开发了评分规则，但是，她没有直接将这个规则灌输给学生，而是引导学生在样例分析的基础上总结讨论出评分规则，而后在全班分享，这充分体现了语文综合性学习过程性和探究性的特征。在学生探究归纳的基础上，教师进行了总结和梳理，从而体现了教师的主导作用。

三、任务布置

师：我们下周要举行班级演讲比赛，同学们准备怎么做呢？

生1：我首先会精心准备我的演讲稿，使我的演讲让大家感兴趣。

生2：我会更大胆一些，这样我的演讲从仪态到感情都会很好。

生3：我要声音洪亮一些，让演讲充满感情。

师：时间过得真快，通过这节总结课，我们更清楚了怎样做一个优秀的演讲者。下课。

尽管在讨论课程设计时，项目组已经预设了一些可能发生的情况，但是，在课程实施的过程中，刘老师还是不断地根据学情及时地对课程纲要进行了必要的调整，主要包括：

第一，根据需要，增加了课堂三分钟演讲活动。 由于大多数学生之前很少在公开场合演讲，所以很胆怯，缺乏上台的经验，仅仅依靠纲要中安排的几次演讲活动，学生实践的机会仍然显得太少。为此，刘老师决定组织"课堂三分钟演讲"活动：在每节语文课开始的前三分钟，学生按座次轮流上台演讲2分钟，剩下的1分钟则由其他同学来点评。这样一来，每个周就有四五位同学获得了登台演讲的机会，效果很好。需要说明的是，这一活动不同于很多老师组织的课前三分钟演讲，课前三分钟演讲是在上课之前的三分钟进行的，我们认为，本来学生的课间时间就很短，再用演讲占用学生的休息时间很不合适。

第二，增加了一次学生自主组织的演讲比赛。 经过了几次演讲的实战演习之后，学生对演讲产生了很大的兴趣，他们要求多组织一次班级演讲比赛，但是因为临近期中考试，老师担心演讲活动会影响学生的考试，所以一直没有同意。眼看已经拖了两个星期，学生急了，派代表找马瑞芳老师和刘老师协商，由他们完全自主地组织一次全班性的演讲比赛，而且保证不会影响自己的期中考试成绩。刘老师这才同意增加一次演讲比赛。由此可见演讲活动对学生的吸引力之大。

第三，增加了两次观看名人演讲视频的机会。 学生对名人的演讲很感兴趣，迫切要求多看一些名家的演讲视频。根据学生的要求，教师临时安排了两次观摩活动（一次是在作文课时间，另一次则是在班会时间），让学生观看了著名演讲家邹越的演讲视频，不但使学生领略到了专业演讲家的风采，而且经受了思想的洗礼。

> 课程实施的过程就是对既有的课程设计不断地反思和修改的过程，教学只有在预设和生成的动态平衡中才能呈现出精彩和灵动。课程纲要仅仅是给我们提供了一张教学的路线图，在实际的教学中，我们必须随时根据具体情况调整自己的行走路线。

问题研讨

一、怎样设计合理的教学程序

本课例为我们提供了一个清晰的基于标准的教学设计程序，即：基于课程标准确定学习目标，设计表现任务，开发评分规则，运用评分规则引领教与学。尤其需要强调的是,该程序将确定学习目标作为课程设计的起点,使教学具有鲜明的方向感。正如泰勒在《课程与教学的基本原理》一书的开篇所言:

"如果要设计一个教育计划并不断地加以改进,那么,就极其需要对所要达到的目标具有某些概念。这些教育目标是选择材料、勾划内容、编制教学程序以及准备测验和考试的准则……我们如果要系统地、明智地研究某一教育计划,首先必须确定所要达到的各种教育目标。"

对于语文综合性学习而言,这一点尤其重要。因为作为活动课程的一种形式,其形式的趣味性往往会遮蔽目标的清晰性和内容的确定性。可以说,这也是导致很多语文综合性学习活动有趣而低效的根本原因。本课例的设计者从课程标准的相关要求出发,在综合考虑课标、课本、学情、考情等因素的基础上确定了学习目标,确保了课程实施的方向性和有效性。

二、如何确定合宜的教学内容

在整个案例研究的过程中,实验教师充分感受到了表现性评价对演讲活动的促进作用。事实上,在课程实施之前,为了制订演讲的评分规则,刘学勤和马瑞芳两位老师就已经在寒假里进行了长时间的"备课"。通过研读《卢卡斯的演讲艺术(第7版)》等著作,她们对什么是好的演讲有了更清晰的认识,也切身体会到了评分规则和样例对自己学习的帮助,由此也预见到这些评价工具肯定会对教学有积极的影响。即便如此,当刘老师把本校教师的演讲视频作为评分规则的样例呈现给学生时,其效果之好还是出乎了她的意料。表现性评价对学生演讲的帮助至少体现在以下几个方面。第一,评分规则让学生知道了别人演讲的优缺点在哪里,从外行看热闹变成了"内行看门道",同时知道了自己该怎么做。第二,表现性评价使学生产生了学习的动力,因为评分规则提高了一系列的质量等级,这有利于激发学生力争上游的动力。第三,因为评分规则摆在那里,评价者基于证据的评价让被评价者心服口服,从而使交流更为顺畅有效。

三、演讲活动对学生的语文成绩产生了怎样的影响

很多教师不愿意实施语文综合性学习,不是因为怕麻烦、想偷懒,而是担心它会影响学生的考试成绩。的确,考试成绩与学习时间有密切的关系,当教师把时间交给学生支配时,自己心里总觉得不踏实。特别是对于演讲而言,有老师认为,它培养的仅仅是学生的听说能力,而这些能力纸笔测试很难测量,因此很担心开展演讲会拉下学生的考试成绩。出于这样的顾虑,大部分教师便不敢去冒险实施语文综合性学习,而宁

愿走枯燥无味、重复低效的老路子。由此可见,提高考试成绩虽然不是语文综合性学习的最终目的,但却是无法回避的一个问题。

本案例研究的一个重要价值就在于,它以实证的方式告诉我们:随着学生读写听说能力、自我管理能力和交往能力的提高,纸笔测试的成绩也会有明显的提升。从前测成绩来看,实验班的成绩低于对比班3.86分,低于全年级(24个教学班的平均分)4.69分。这对于很难拉开成绩的语文学科来说,应该说差距是很大的。而一个学期之后,实验班的成绩仅仅低于对比班0.72分,低于全年级平均分1.56分,平均成绩提高了3分之多,变化可谓显著。而对比班的成绩与全年级的成绩相比几乎没有变化。

从学生个体成绩的变化来看,经过一个学期的实验,中下等学生的成绩提高幅度最大,这也是实验班整体成绩提升的主要原因。

那么,演讲活动为什么能够对学生的纸笔测试成绩产生如此显著的影响呢?我想至少可以归结为以下三个原因。

一是清晰的学习目标使活动集中在了学生语文能力的历练上,而及时的反馈又促使学生不断地反思自己的表现,从而提高了学习的效率。

二是活动的真实情境和持续的评价反馈激发了学习的内部动机。与脱离生活的机械训练相比,学生觉得演讲对未来的生活更有价值和意义,从而对语文学习产生了兴趣;同时,借助表现性评价,学生会在活动中不断地发现自己的进步,找到学习成功的证据,体验到学习的成功感,激发学习的内部动机。

三是活动改善了人际关系。《学记》有言:"安其学而亲其师,乐其友而信其道",可见,古代教育中就已经认识到了教学中人际关系的重要。在开展活动和彼此评价的过程中,学生之间、师生之间的交流日益深入,班级的人际关系日益轻松融洽,在这样的学习氛围中,学生的思路更开阔、思想更自由、思维更活跃,学习效率也就更高。

资源链接

1. (美)阿特,麦克泰伊著,国家基础教育课程改革"促进教师发展与学生成长的评价研究项目组"译. 课堂教学评分规则:用表现性评价准则提高学生成绩[M]. 北京:中国轻工业出版社,2005.
2. 崔允漷主编. 有效教学[M]. 上海:华东师范大学出版社,2009.
3. (美)斯蒂金斯著,国家基础教育课程改革"促进教师发展与学生成长的评价研究项目组"译.促进学习的学生参与式课堂评价(第 4 版)[M].北京:中国轻工业出版社,2005.

4.(美)卢卡斯著,李斯译.演讲的艺术(第 7 版)[M].海口:海南出版社,2002.

5. 王志凯,王荣生.口语交际教例剖析与教案研制[M].南宁:广西教育出版社,2004.

后续学习活动

任务 1:网上下载乔布斯 2005 年在斯坦福大学毕业典礼上的演讲并作点评。

任务 2:人教版教材中也以"我有一个梦想"为题安排过一次演讲活动,比较教材中的设计与本案例中"课时 4—5"的设计的异同。

语文综合性学习设计的阶梯性和语文性
——《课本剧》课例研讨

执教教师简介

范景玲,河南省商丘市民权县程庄镇一中语文教师,中学一级教师。多次承担省市级教研课题研究项目,多次执教市级优质课和观摩课。

课例导读

本案例是申宣成攻读博士学位期间与实验学校的教师合作进行的研究之一,案例历时一个学期,共包括16个课时。这里无法将每个课时的情况一一描述,所以采用总体过程描述、典型课案和教学实录相结合的形式呈现。

从我国语文教育发展的历史来看,表演素来被看作是一种重要的语文综合性学习形式。黎锦熙先生早在1924年出版的《新著国语教学法》中,就反复强调了"表演"在国语教学中的作用:

> "表演"在国语教学上最关紧要,实在是"读法"的"应用"了。只要可能,什么教材都应该表演。因为他(今写作"它"——笔者注)的好处:
>
> (1)使儿童设身处地地将书中的人物与自身合而为一;书中人物的感情、意志,就是自身的感情、意志。不但亲切有味,而且感发甚深。
>
> (2)由儿童各自认定做课文中的什么人,就引起他一番选择的考虑;课文的精彩处,多由此触发出来。
>
> (3)表演总在两人以上……,因此就有一番共同的安排布置,并且大家负了联络贯串的责任,很足以养成儿童通力合作的社会精神。[①]

---

① 黎泽渝等编.黎锦熙语文教育论著选[M].北京:人民教育出版社,1996,441—442.

但是，在实际的教学中，真正能在语文教学中尝试"表演"或"课本剧"活动的教师并不多，其原因主要有三个：一是这种活动组织起来费时费力，比较麻烦；二是因为课本剧是一种综合的艺术，它涉及语言、舞蹈、音乐、美术等多个学科的知识和技能，开展这类活动时，如果把握不好学科的边界，就会冲淡语文的学习，使其迷失在其他艺术形式的体验中；三是对于课本剧这种相对复杂的活动来说，如果课程设计的梯度不合理，很容易使学生产生畏难情绪，从而影响学生参与的积极性。

鉴于上述情况，本课例除了关注演讲课例中聚焦的三个问题（即四步骤的开发程序、集束式的设计理念以及语文综合性学习和考试成绩的关系）之外，还试图解决下面两个问题：

1. 如何在语文综合性学习中凸显课程的语文性？
2. 如何在课程设计中体现活动的阶梯性和层次性？

热身活动

阅读课例之前，请回答下面的问题：

1. 你在自己的教学中是否组织学生演过课本剧？如果演过，请写出课文的题目或剧本的名称。

2. 你觉得开展课本剧活动能否提高学生的语文素质，请写出两个理由：
理由一：
理由二：

实施过程

一、基于课程标准确定学习目标

在确定了合作对象和研究主题以后，申宣成于 2010 年 1 月 28—29 日在民权县程庄镇一中组织了第一次项目会议，参加会议的人员有范景玲、范银霞、刘学琴、马瑞芳以及该校语文组的部分老师。会议主要交流了案例研究的思路及注意的事项，包括课题资料的积累、前测数据的获取等，并在该校的多媒体教室听了两位实验教师的公开课。因为申宣成和这些教师共事多年，有着长期的合作研究经验，所以大家的交流非常顺畅。但是，在讨论课本剧的课程目标时，却遇到了一个很大的难题，因为语文课程标准对课本剧活动的要求非常模糊,仅仅有这么一句话:"能自主组织文学活动,在办刊、演出、讨论等活动过程中,体验合作与成功的喜悦。"现在要把课本剧作为整个学期的综合性学习主题,就必须采用合并的策略,把听说读写的要求融合到学习目标中。经过认真的分析和讨论,项目组最终确定了课程学习的总目标(见《课本剧课程纲要》中的课程目标部分)。

为了拓展案例研究的思路,申宣成给两位实验老师提供了几本有关评价和课本剧教学指导的书籍,如《促进学习的学生参与式课堂评价》、《课堂教学评分规则:用表现性评价准则提高学生成绩》、《快乐科普剧》、《儿童情景课本剧:课例示范教学》和《初中英语小品与课本剧》等,供她们参考,并建议她们在寒假中着手编写课程纲要、开发评分规则。

二、表现任务的设计和评分规则的开发

寒假期间,围绕课程纲要的编写,申宣成和范景玲老师讨论了好几次。一开始范老师还有些畏难情绪,这主要有两个原因。一是之前她没有做过课本剧活动,所以对于该怎么做心里没有底;二是担心开展课本剧活动影响了学生的考试成绩。看到这种情况,申宣成首先向他介绍了自己实施课本剧的体会,详细介绍了课本剧给自己的课堂教学和学生成绩带来的积极影响,这在很大程度上打消了范老师的顾虑。之后,申宣成结合自己组织课本剧的经验,和她一起考虑课程的总体框架和实施细节。几次讨论之后,范老师心里踏实多了。

【观察者点评】在开展某些教学改革时,你是否也有过类似的顾虑?

【要点评议】
　　与其他学习领域相比,语文综合性学习的设计和实施往往更为复杂,因为它需要的教学时间和课程资源往往更多些。这就需要教师具备合作意识,遇到问题时多和其他的语文教师商量,有时还要获得其他学科老师的参与和帮助。当然,如果能和校外这一领域的专家建立合作关系,情况会更好些。

2010年3月2—3日(农历正月十七、十八),新学期正式开始。申宣成在民权县程庄镇一中组织了两天的讨论会,和学校校长、业务主任再次交流了案例研究的计划,使他们进一步了解了此次研究的意义,并通报了上海真爱梦想公益基金会向该校捐建梦

想中心的计划。这进一步激发了学校参与实验的积极性,毕竟对于一个农村初中来说,梦想中心是一个陌生而新奇的事物,而且这种无偿的捐赠行动本身就是对所有项目组成员的精神激励,大家都同意将此项目的实验和梦想课程结合在一起推进。① 讨论会期间,连续两天大雪纷飞,但是,大家却对实验充满了热情和期待。在这样的气氛中,确定了课本剧的课程纲要初稿。之后,随着实验的推进,范老师和申宣成又及时对课程纲要进行了补充和调整,下面所呈现的是几经修改之后的课程纲要。

课本剧课程纲要

▶课程类型:课本剧(A3)② ▶授课对象:七年级学生
▶授课教师:范景玲 ▶授课时间:16课时

课程目标

1. 从课本、课外书或生活现象中发现有价值的剧本创作线索。
2. 掌握剧本编演的常识,写出3个简单的剧本。
3. 记录自己参与戏剧表演的感受,能够以博客、信件、艺术创作等形式和小组成员、同学、老师和家长分享自己的感受。
4. 积极承担小组分配的角色。
5. 倾听、分享、支持同伴的工作,增加小组的凝聚力。

评价设计

学生依据师生共同制订的《课本剧表演评分规则》对每个剧组进行评价。个人积分每满30分者奖励在梦想教室借图书一次。每次活动结束评出优秀

---

① 上海真爱梦想公益基金会成立于2008年8月,是在上海市民政局正式注册的非公募基金会。该基金会致力于帮助中国的乡村教育。截止到2013年底,已经在全国捐建了1000多所梦想中心。每所梦想中心投入10万元,改建原有的教室为一间五彩缤纷的学习空间,并配备图书、电脑、投影仪、桌椅等设备。基金会的愿景是帮助孩子自信、从容、有尊严地成长。为了达成这样的目的,在硬件投入的同时,基金会和华东师范大学课程与教学研究所联合,本着"创新、多元、宽容"的理念,合作开发30门梦想课程,作为学校素质教育的校本课程,向项目学校推广,推进学校的课程改革。"梦想30课程"项目的首席专家是华东师范大学课程与教学研究所所长、博士生导师崔允漷教授。
② 该课程被纳入上海真爱梦想公益基金会和华东师范大学课程与教学研究所合作的"梦想30课程"项目。在梦想课程框架中,A、B、C分别代表"我是谁"、"我要去哪里"、"我该怎么去"三个课程单元,1、2、3分别代表1—3年级、4—6年级、7—9年级,A3即代表"我是谁"单元中为7—9年级学生设计的课程。

剧作者、优秀导演、优秀演员及优秀剧务,学期末进行总评,班级和学校公开表彰,给予物质奖励。基金会的"梦想银行"开通后,还可凭此积分向基金会兑换奖品。

学习活动

【单元一:经典模仿秀】 观看经典视频,模仿表演自己喜欢的角色,师生讨论制订课本剧表演的评分规则。

[第1课时] 经典360°。头脑风暴出优秀电影电视精彩片段,从中选择一部梦想资源库中的作品播放观赏。鼓励学生课外时间自由组合,模仿表演经典片段。

[第2课时] 快乐模仿秀。模仿表演自己喜欢的角色。

[第3课时] 表演小贴示。讨论学生的表演和专业演员的异同,明确什么是好的表演,制订表演评分规则,以指导矫正学生下阶段的表演,并作为学生以后表演评分的依据。

【单元二:剧本表演秀】 学生自己找喜欢的剧本(或老师推荐剧本)进行表演尝试。师生根据表演评分规则对各个剧组的表演进行评价。

[第4课时] 选搭档、组剧组。师生交流讨论推荐的剧本,学生挑选自己喜欢的剧本和角色,自由组合成一个剧组,并进行明确的分工。

[第5课时] 剧本演演演。小组研讨剧本,揣摩表演的细节,进行表演尝试。

[第6课时] 表演小派对。各个剧组展示表演,其他组根据表演评价规则(侧重于语言、动作、合作三个要素)给每组打分,评出优秀演员和剧组。

【单元三:课文大变身】 学生根据教材内容尝试改编剧本,进行表演。教材范围可以拓展到英语、历史、思想品德、物理等学科,如历史教材中的历史事件、典故,英语教材中的情境交际,思想品德教材中的人际交往礼仪,物理教材中的科学发现等。

[第7课时] 我是剧作家。回顾前一阶段比较受学生欢迎的剧本,师生讨论总结它们的成功之处(参见《课本剧评价规则》中的剧情设计要素),学生据此对喜欢的教材内容进行改编(也可与同学合作编写)。

[第8课时]小小招聘会。剧作者展示交流改编的剧本,师生依据《剧本评价规则》讨论选出较成功的剧本。剧作者招聘剧组成员,组成一个剧组,进行排练表演。

[第9课时]课文大变身。各个剧组表演本组的戏剧,其他组按照评分规则打分,评出优秀演员和剧组。同时邀请学生家长代表和老师欣赏点评。

【单元四:梦想无极限】阅读课外书籍,改编剧本,进行表演。

[第10课时]我是小书虫。学生阅读梦想教室提供的图书或自己的书籍,寻找感兴趣的材料,改编成课本剧。

[第11课时]我来当编辑。将改编的剧本编辑成一期手抄报在班级交流,展示。评出优秀剧本,各组挑选喜欢的剧本课下进行排练。

[第12课时]梦想无极限。各剧组表演展示,其他组按照评分规则打分,评出优秀演员和剧组。

【单元五:生活大舞台】观察学校生活和社会生活,选取其中的热点问题和生活现象作为素材,创作剧本,进行表演。

[第13课时]生活广角镜。学生在小组内分享感动自己的人或事,每个小组确定一个故事进行剧本的创作(也可根据当地的民风民俗等进行创作),作品以手抄报的形式呈现出来,便于下节课的交流。

[第14课时]现象再聚焦。展示交流剧本,评出优秀剧本。小组课下排练喜欢的剧本。

[第15课时]生活大舞台。各个剧组表演展示自己的戏剧,其他组按照评分规则打分。

【课程总结】第16课时:展示本学期学生的成果(手抄报、自制道具等),回放学生表演的精彩视频,公布最佳剧本、导演、演员、剧务若干名等,邀请学生家长和学校领导等参与颁奖。

课程资源

上海真爱梦想基金会提供的电影库(100部适合学生的电影);教师网上下载的视频片段;音乐(根据剧情配放的音乐);课本剧表演评分规则;表演技能训练游戏等。

课本剧表演评价规则

	4	3	2	1
剧情设计	剧情富有创意；衔接紧凑；有尖锐的冲突和剧烈起伏	剧情合乎情理；连接自然；有起伏	剧情前后矛盾；事件缺乏关联和过渡	剧情很荒谬；让人摸不着头脑，非常枯燥无味
语言	台词、语气和语调完全符合人物的身份和性格，感觉很真实	台词符合人物的身份，但语气、语调有些生硬	台词不像是该角色说出来的，语调生硬，偶尔有忘词的现象	角色只是在读脚本，完全不像是该角色在说话
动作	动作大方、恰当、逼真；表情自然、丰富、投入	动作符合人物身份；表情自然	动作扭扭捏捏；表情拘谨	动作僵硬，不连贯；表情机械，完全没有入戏
合作	小组成员共同布置舞台、制作道具，并都能参与到表演中来，配合默契	小组成员共同布置舞台，1位成员未参与到表演中去，主角和配角分工明确	小组成员中只有一半的人参与了准备和演出，主角和配角缺乏配合	演出前没有什么准备，主角和配角各行其事，没有配合

总体评价：

最终等级：

【要点评议】

对于课本剧这种综合性很强的语文综合性学习活动来说，在设计与实施时面临着两个重要的挑战。一是如何搭建合理的活动台阶，让学生顺利地登堂入室，从而激发学生参与活动的兴趣，减少活动实施的无力感和挫折感；二是如何在综合中凸显语文性，在开放的课程内容中守住语文的边界。

针对第一个问题，课程设计者把一个学期的活动分成了由低到高的四个阶段，先是进行现成剧本的表演，接着尝试课内作品的改编，继而进行课外作品的改编，最后引导学生把自己的生活经历创编成剧本表演出来。由扶持到放手,台阶适宜、梯度合理、由易到难、循序渐进。

针对第二个问题,设计者在活动中有意识地凸显了语文的内容。在每个活动中都安排了读、编、演、评四个环节,融合了读写听说四种语文学习要素。学生首先要阅读筛选文本,这是读的要素;阅读之后要把文本改编为剧本,这是写的要素;剧本改编完成之后,就要排练、演出,之后还要对照评分规则进行评议,这是听说的要素。如此一来,课本剧就将阅读、写作和口语交际很好地融合在了一起。

为了使学生有较为充足的阅读时间,范老师每周安排了一节阅读课,利用梦想中心里的3000多册图书,扩大学生的阅读面,寻找能够触动学生的、便于改编成剧本的素材。为了激发学生编演课本剧的兴趣,范老师让学生把课本剧的脚本办成手抄报,在教室和梦想中心里展览。但是,在实施的过程中,学生反映办报太浪费时间,因为初中生要面临校内外的各种考试,时间实在不够用。范老师临时决定删繁就简,把办报的任务从人手一份改为一个小组合作办一份,这样不但增加了学生合作的机会,而且节省了办报的时间。

> 在语文学科中实施课本剧,活动本身仅仅是一个载体,目的是借助课本剧活动激发学生读写听说的兴趣。围绕剧本的创作,学生开展了大量有目的的阅读、写作和口语交际,体现了活动的语文性。

三、运用评分规则引领教与学

本案例同样充分体现了以评价引领教学的理念。与演讲相比,学生对表演更为熟悉,因为大家所喜闻乐见的小品、电视剧等艺术形式,对学生来说都是很好的样例;而真爱梦想公益基金会为每个梦想中心提供的100部经典电影(都存储在一个大硬盘中),也为教师选择样例提供了丰富的资源。但是问题在于,平时学生观赏这些电影和小品,仅仅是出于娱乐或艺术欣赏的目的,那么,现在如何把活动聚焦于听说读写等语文能力的历练上来,而不致于使语文课偏离到艺术课上去呢?这就要充分发挥评分规则的"导航"作用。以下是第6课时的课堂观察记录,从中可以看出评分规则对教与学的引领作用。

单元二:剧本表演秀

第6课时:表演小派对

教学目标
- 根据评价规则点评表演中存在的优缺点,提出合理化的建议。
- 说出或写下自己欣赏后的感受,与其他同学分享。
- 剧组内部分工明确,发挥每个成员的特长和作用。
- 守时、有序地完成剧目的展示。

教学资源
表演评价表;各个小组表演需要的道具。

活动一:导演协商出场顺序(略)

活动二:各剧组按顺序表演展示(略)

活动三:评价,总结

(一)各小组参考评价标准对剧本和表演进行协商打分

每组安排一名记分员和一名记录员,分别填写表演得分表和记录学生评价。

(二)各小组派代表分别作出评价;导演、演员自评;教师也参与点评。以下是部分学生的评价:

在看了《丑女皇后》的剧本表演后,我想对王雨婷说,演剧本的时候只有身临其境才能表演好,表演的语言要符合人物性格,你的神态表情还不到位。——尤隔凤

《毛遂自荐》的题材选得不错,但是表演还有待提高。这场表演中,我觉得陈东安表演得不错,虽然只有一句台词,但他的动作、神态、语言都很到位。《饭馆里的故事》的表演我表示赞赏,她们用诙谐生动的语言、动作把全场观众都逗笑了,真的很难得。——张璐

我认为我编写的剧本还可以再加上上朝时的情景和摆宴时的情景,从今天演员的表演情况看,我认为本次表演的齐宣王还不到位。——杜银凤

给《丑女皇后》的建议:在皇帝被丑女的言辞激怒时,大臣们却一言不发,

不符合实际情况。我觉得大臣们应该窃窃私语，或者对丑女的言词不满而数落丑女。——侯雪琴

我看《丑女皇后》最大的感受是人太乱、太杂，并且大臣站的不是地方，挡住了观众的视线，应该安排大臣们站在书架的前面，面向观众。——闫呈紫

《饭馆中的故事》很搞笑，侯银曼演得很好，但代金燕没有太多的台词，只有侯银曼一个人在说，代金燕应该再加些台词，如很有礼貌地问客人吃些什么。——杜慧静

《饭馆中的故事》剧本写得很新颖又有创意，让我们知道英语的重要性，该如何和外国人沟通。——郭梦慧

我觉得我编导的《毛遂自荐》剧本表演得还不理想，我觉得毛遂应该再有风度些，平原君要有气度。——陈东安

（三）各组提交评分表，对所有小组得分汇总，评出本环节最佳导演、最佳演员、最佳团体，按照相关分值加入个人积分。

（四）奖励借阅图书

【要点评议】

在本课时中，师生根据共同制定的评分规则，开展了小组互评、小组自评和教师点评等活动，促进了表演之后的分享与反思，从而避免了语文综合性学习"为做而做"的积弊，凸显了"为学而做"的特征。同时，在《课本剧评分规则》的引领下，师生的评价交流聚焦在了剧情设计、台词、肢体语言等语文要素上，如"语言要符合人物的性格"、"应该很有礼貌地问客人吃些什么"、"毛遂再有风度些"等，从而凸显了课本剧活动的"语文性"特征。

问题研讨

本课例重点解决了以下两个问题。

一、如何在课程设计中体现活动的阶梯性和层次性

相对演讲等活动而言,课本剧的综合程度更高、涉及的技能更多。对于这类活动,设计合理的活动梯度就显得非常重要。在课例实施的过程中,学生也的确经历了短暂的迷茫和扭捏。为了解决这一问题,范老师在设计课程时格外关注了难度和梯度的把握,体现了循序渐进的教学原则。

"剧本表演秀"为第一个台阶,其难度最低,学生不需要写剧本,只需要把现成的剧本演出来就可以了,可以说,只要学生具备分角色朗读的能力,这个环节就可以基本完成,因而难度很低。这样学生就便于入门,产生兴趣;否则,一上来就是创编剧本,学生就可能产生畏难情绪。"课文大变身"为第二个台阶,因为学生对课文都很熟悉,改编起来就容易得多,而且和课文的学习也结合得比较紧,实施起来当然要容易些。本单元学生编演的剧本有《地毯下的尘土》、《地震中的父与子》、《父亲在家等我》、《心声》、《小巷深处》、《强项令》、《勇气》、《范进中举》等。通过对课文的编演,学生逐步熟悉了剧本写作的基本格式,并对表演产生了较大的兴趣。有了这样的基础,课程就进入第三个台阶——"梦想无极限"。该单元要求学生把课外阅读的材料改编成剧本,这样,学生就需要大量阅读,在阅读的基础上筛选出自己认为合适的素材进行改编。学生编演的剧本有《一天经理人》、《青梅煮酒论英雄》、《桃园三结义》、《丑女皇后钟离春》、《毛遂自荐》等。经过了以上三个阶段,学生对剧本的写作和演出已经比较熟练,教师就鼓励学生根据生活中的感悟创作并表演剧本,这就进入了教学设计的最高处——"生活大舞台"。该单元的目的在于把语文学习和生活联系起来,把自己的所见所感诉诸笔端,搬上"舞台"。很多学生把发生在学校、家庭和社会中的事情改编成了剧本并表演出来,如《劝慰中的友谊》、《炸肉串》、《钢笔失窃案》等,这些活动不但历练了学生的语文能力,而且加深了学生对生活的认识,培育了学生良好的情感和态度。

二、如何在语文综合性学习中凸显课程的语文性

为了凸显课程的语文性,课程设计者充分发挥了评分规则的作用。在课本剧实施的过程中,评分规则绝不仅仅是一个评价工具,更是一个教学工具。围绕《课本剧评分规则》,编导、演员、观众、教师等不同的主体多方参与,自评、互评、口头评价、书面评价等多种方法结合,形成了一个立体的、有针对性的、高效互动的课堂评价网络。可以说,评价的过程,就是思考、完善、提高的过程;就是思维碰撞、心灵沟通、情感交融的过程。同时,评价还引领着教学的方向,可以说,你评价什么,学生就会成为什么。老师

将评价规则的内容聚焦于语文的维度,学生自然就会积极主动地钻研文本、扩大阅读、编演剧本。这样,课本剧就成为了"语文"的课本剧,活动就具有了浓浓的语文味儿。例如,一个学生在编写《范进中举》剧本时,记下了这样的话:

> "为了让人物的语言符合人物的性格,每写完一句话,同学们就琢磨一下这句话需要什么样的动作、神态、语气,然后亲自模仿一下,可见大家的投入程度。有时学生们在排练时甚至会因为对文本内容理解的不同而产生激烈的争执。在编演《范进中举》时,编导和饰演范进母亲的同学就争执了起来。原来,在范进喜极发疯跑向集市一场中,扮演范进母亲的同学根据课文中所叙述的母亲的状况("年龄大了,又饿的两眼昏花"),认为她不可能跟着范进去集市,派儿媳妇去就行了;导演则坚决认为母亲要去,说这样才能显出对儿子的关心。最后不得不由老师出面调停,才解决这场争执。"

这样的评价、建议甚至争执,与那些死记硬背的要求相比,无疑更有利于形成真正的语文能力,更有利于培养语文的素养,也更有利于提升语文教学的品质。

有人认为,编演课本剧需要复杂的道具,比如精美的布景和戏服,这样就会增加学习的时间成本和物质成本。其实完全不必有这样的担心,没有这些东西,反倒可以促使学生将精力聚焦于语言的表现力上来,这样就可以确保在整个课本剧实施的过程中,语文始终是活动的主角。这也是保持活动语文性的一个策略。

资源链接

1. (美)威金斯著,国家基础教育课程改革"促进教师发展与学生成长的评价研究项目组"译. 教育性评价[M]. 北京:中国轻工业出版社,2005.
2. 张华. 经验课程论[M]. 上海:上海教育出版社,2000.
3. (日)佐藤学著,钟启泉译. 学校的挑战[M]. 上海:华东师范大学出版社,2010.
4. (美)雷夫·埃斯奎斯著,卞娜娜译. 第56号教室的奇迹[M]. 北京:中国城市出版社,2009.

后续学习活动

仔细阅读《第 56 号教室的奇迹》的第 17 章(第 201—215 页),分析雷夫·埃斯奎斯是如何指导学生编演莎士比亚戏剧的,我们从中能得到哪些启发。

高中语文综合性学习案例

口语交际兴趣的激发与知识的归纳
——《讨论》课例研讨

执教教师简介

袁湛江,浙江省宁波万里国际学校校长,特级教师,浙江师范大学骨干教师培训项目专家。主编或参编教育教学用书16本,开发了汉语口语教程课程,发表论文百余篇。

课例导读

本课例是袁湛江老师2010年9月23日在宁波万里国际学校高三五班开的一节口语训练课。在我们的印象中,高三学生就是整天三点一线,拼命做题备考,口语交际训练似乎离他们非常遥远。其实,何止是高三?在很多学校,口语教学已经成为整个高中阶段语文教学的"死角"。导致这一现象的主要原因是高考不考口语交际,在考试高于一切的当下,它自然要被打入"冷宫"。这使得越来越多的学生越来越不会说话,主要表现为:第一,缺少表达的欲望。尤其是在公众场合,在需要自发地或者自由地表达自己思想情感的时刻,愿意站出来的只是少数人,多数学生仅仅是看客,甚至是无动于衷的看客。第二,缺乏表达的勇气。在那些不愿意站出来说话的人中,有一大部分不是缺乏表达的欲望,而是自信心不足,缺乏表达的勇气。第三,表达能力不足。心慌气短、手足无措者有之,张口结舌、语无伦次者有之,词不达意、自相矛盾者有之,滔滔不绝、空洞无物者有之,文不对题、漏洞百出者有之。凡此种种,不一而足。这不能不说是语文教学的一种失败。

在这样的背景下,一个教师要想在高中阶段开好口语交际课程,就必须在教学内容的选择和教学活动的设计上花些心思,让学生感到口语训练有趣、有用。

选择此案例进行研讨,主要指向以下两个问题:

1. 如何让学生喜欢上口语交际的教学?
2. 在口语交际教学中,我们该教给学生哪些东西?

热身活动

阅读课例之前,请阅读下面的问题,并在符合自己教学情况的选项前打钩:

1. 你是如何对待口语交际课的?

　A. 制定教学计划,每周至少有一节口语交际课

　B. 按单元后的口语交际话题上,形式较随便

　C. 时上时不上,内容、形式都较随意

　D. 完全不上,因为考试不涉及

2. 你认为中学生口语交际教学中存在的主要问题是什么?(可多选)

　A. 语言积累不够,语汇贫乏　　　　B. 表达技巧差,词不达意

　C. 理解力差,对话抓不住要害　　　D. 思维能力差,敏捷度、条理性不强

　E. 不够礼貌得体,说话生硬

　F. 平时缺少锻炼,心理素质差,说话紧张

　G. 其他原因_____

教学实录

一、联系生活,导入新课

师:(板书课题)口语训练指导:讨论

生:(全班学生抬头看黑板)

师：刚才在下课的时候,有的同学就给我提出了两个问题:第一个问题,汉语是我们的母语,还有必要进行专门的汉语口语训练吗？你脑子里有这样的问号吗？(停顿三秒,有的学生点头)第二个问题,高三的学习这么紧张,(指向黑板)我们有必要把"讨论"这样一种口语的形式拿出来进行专门的研究吗？
(更多的同学点头,有的同学发出笑声)

> 【要点提炼】活动一：换位思考。
> 　　教师从学生的问题导入新课,想学生之所想,自然能激发学生的学习兴趣。

师：面对大家的问号,我先发布一个信息,2010年北京大学和香港大学的自主招生考试的面试题,选两道给大家看一看。

师：(屏幕显示)2010年北大、港大面试试题选。

生：(看屏幕)

师：这两道题就是讨论题。我先说说北大的规则。先笔试,排出顺序来,然后组织这些同学到一个教室里来参加面试。面试的时候五个学生一组,三个评委坐在前面,五个学生一组临时抽签决定你要说什么话题。每个人发言的时间5分钟,五个人来说话的时间加起来是50分钟。这算得是不是有问题？

> 【要点提炼】活动二：对症下药。既然高三学生最关心的是高考,那么教师就从考试说起,学生的兴趣自然提高了一层。

生：不相等。

师：除了自己5分钟发言外,另外的时间是给大家自由发言的。自由发言说什么？不再说自己抽到的话题,而是对别人的话题进行评价、分析、补充和修正。这是非常典型的讨论题(指向黑板)。考察的结果,如果是三位评委里有两个评委给你打了不及格,你的笔试成绩即使排在第一,也要被淘汰。如果三个评委有两个评委给你打了95分以上,你的笔试成绩即使是最后一名,也录取。所以这个面试的讨论题,就成了录取的关键性环节。题是什么题呢,每个人抽到的题都不一样,我选择了其中的两道题给同学们看一看。其中第一道题是：

　　君子和而不同,小人同而不和

　　你对此感想如何？假如说2011年,北大的校长实名制推荐,我推荐了我们高三(5)班一个同学去面试,你拿到这话题你的思路是什么？听说我们文科创新班有非常睿智的同学。

生：（同学们互看对方）

师：再看一道题：

如果你是联合国秘书长，如何解决索马里海盗问题？

老师的打分不仅要看你自己说的话题怎么样，还要看你对别人话题的反应、分析怎么样，这个才能形成你面试的综合成绩。

师：再看看香港大学的面试题：

你对现今的高房价有什么看法？

如何让更多的人捐献器官？

想过这些话题吗？有些同学说碰到这些话题我不怕，因为我都不会。

生：呵呵……（教室里一片笑声）

师：这些话题，向我们高三的学生传递了以下信息：第一，现代社会要求青年人不能死读书，而是要视野开阔、关注社会、思维活跃、表达流畅。其中就包括口语表达要流畅。第二，应对现代高考要具有哲学思辨意识和能力，其实不仅仅是北大和港大的面试题，就是我们浙江省的高考试题，全国的高考试题，不仅是文科，也包括理科，都有这样一个指导思想，要考察高中学生的哲学思辨意识和能力。你们看看每年高考满分的作文，有一个共同的特点就是哲学的思辨意识都特别的强。有意识地去训练和没有意识地去训练效果截然不同。第三，像李逵、张飞、鲁智深这样单打独斗的英雄形象将成为历史。在今天的社会或者未来的社会，他们已经不再是英雄，合作能力是对现代人的基本要求，而讨论就是锻炼自己合作能力意识的一种重要手段。那么讨论有什么价值呢？

生：（同学之间进行交流）

师：简单地概括：讨论的第一个价值是交流信息，就是可以通过讨论中的自由发言来表达自己的观点，同时获取别人提供的信息。

生：每个人都能发布信息，也能吸收信息。

师：第二个作用是可以锻炼自己的思维，训练自己的表达。

生：有人天生口才好。

师：不一定，口才好的人首先是他有思想，思维品质高。比如说刚才那道题，抽到

> 【要点提炼】
> 活动三：晓之以理。具体分析讨论的价值，让学生从内心深处感到进行讨论训练的必要性。

以后马上就说,其实不是考察你口才,首先考察的是你脑子里有没有东西,有没有迅速反应,几秒之内有没有在你脑子里建立一个说话的结构:先说什么后说什么;几个分论点;分论点和分论点之间什么关系;是并列的还是递进的,还是对比式的,每个分论点提供什么论据。然后才能说得好。

生: 那跟讨论有什么关系呢?

师: 讨论这种方式,首先是锻炼思维,其次是训练表达。

生: 讨论还有什么用?

师: 树立威信,缔结友谊。我不知道你们有没有这样的体会。在你们从小学到初中到高中,乃至于将来到了大学到了社会,你周围都会有这样一个圈子,或者这样的群体。这个圈子总会有一批人,能够有很好的交流和融和。他们常常在一起非常有兴趣地去讨论一些话题。可是我们也发现有一些同学,甚至是相当数量的同学,很难融入到这个圈子里面去,常常是这个圈子讨论的看客,长期徘徊在这个圈子的外面,想进去但是不知道怎么进去。

生:(许多同学点头表示同意)

师: 其实如果你在社会的群体当中,长期处于这样地位的话,你自己就有一种被拒绝的感觉,被拒绝在生活圈子之外。你就会性格孤独,甚至自卑,心中的阳光就非常的少,因为你跟别人交流的机会少。

生: 老师,有什么办法解决这个问题?

师: 要想融入这个生活的群体,首先需要找到一个合适的谈话切入点,掌握了谈话的技巧以后,当你的话逐渐让人感觉到有趣、有用、有吸引力的时候,就会有很多人附和你,跟着你的话题来展开交谈。你就会逐渐融入这个群体,你会觉得跟大家相处很快乐,你周围的人也会感觉很快乐,你甚至可能逐渐地成为一个群体的领袖。讨论中的发言,如果使用好的话,有助于树立自己的威信,也可以缔结你和其他同学之间的友谊,这是讨论的应用价值。

【要点评议】

口语训练是语文教师的主要教学任务之一,口语训练的质量不仅决定着学生的说话水平,而且影响着人的发展潜力,在很大程度上也可以说决定了他们一生能在世界上走多远、他们的幸福生活指数有多高。从这个意义上来讲,说话,是现代人最重要的交际能力;培养学生的说话能力应该成为我们语文教师的使命!但问题是,许多高中生并不能充分认识口语能力的重要性,也不愿意在这方面花费精力。为了改变这一状况,激发学生的学习兴趣,袁老师在课堂一开始就设计了三个教学活动:第一个活动是换位思考,教师从学生的角度出发,对口语训练的必要性提出了两点质疑,从而引发了学生的共鸣;第二个活动是介绍北大和港大的自主招生的面试题,以此证明讨论技能在高考升学中的重要性,这自然是高三毕业生最关心的话题;第三个活动是阐述讨论在交友中的重要性,这又是高中生非常关心的话题之一。如此一波三折,欲擒故纵,有效地激发了学生学习的积极性。

二、利用样例,阐释知识

生:老师说说讨论的方法和技巧吧。

师:在介绍方法和技巧之前,先来分析一下讨论的要素。到现在为止,我们对"讨论"这种口语交流形式大概有了了解。我们一起来构建一下什么叫作讨论,比如说讨论和演讲一样吗?

【观察者点评】学生开始从"要我学"向"我要学"转变了!

生:不一样。

师:和诵读一样吗?

生:不一样。

师:和复述一样吗?

生:不一样。

师:和辩论一样吗?

生:不一样。

师:和采访一样吗?都不一样,虽然都是口语,但是讨论有自己的要素,比如说一个人可不可以讨论?

生:不可以。

师:两个人可以吗?

生:不可以。

师：不可以吗？

师：随便说还是有中心的说，这句话怎么表达？

生：**由两个或两个以上的人就一个共同话题展开交流，这就是讨论。**

师：说的有道理吗？如果有道理，就请同学们重复这句话。

生：两个或者两个以上的人组成一个群体就一个共同的话题进行交流就叫作讨论。

师：所以讨论有别于聊天，聊天不见得有共同的话题，你说这个，我说那个，随便说，而且随时可以停止，而讨论是有方向的。**讨论的要素有这样几个：**

  第一个，就是要有话题。 每次讨论，不管是有意识组织还是无意识组织，一定是围绕一个话题展开的，这是讨论的对象。

  第二个，就是要有方向。 讨论的方向决定着讨论的价值。

  第三个，就是要有人员。 所有参加讨论的人都是讨论的主体。**但是每个人在讨论当中，所扮演的角色是不一样的，**有什么区别呢？比如说**有一种人就是提出话题的人，他是讨论的发起者。** 同学们有没有注意到，每次讨论发起人往往总是那么一两个同学。

生：是的。

师：我们班讨论的发起人常常是谁？

生：（笑着互相指认）

师：我们日常生活当中，讨论的现象比比皆是。课堂上有讨论，课下有没有？

生：有。

师：吃饭的时候有没有？

生：有。

师：睡觉的时候有没有？

生：有。

师：**每天晚上熄灯铃响后，进入睡眠之前，是不是有一个讨论？在宿舍里有没有？别以为我不知道。**

生：呵呵……（笑成一片）

> 【观察者点评】教师引导，学生归纳，师生间形成了一种默契。

师：尤其是男生那边。有的时候老师去敲门了，讨论的声音还是很激烈呢。意思是告诉老师，你先等等，我这儿还有发言呢。那会儿没有人启发你发言，但是大家还是说得很热烈。但是你会发现，每天提出话题的人，常常就是那么一两个同学，是不是？就是那一两个同学总是有鬼点子。每天就是会有那么些话题。这些话题说出来之后，就能够把大家说话的情绪给调动起来。这是一种能力，甚至可以说这是一种魅力。他的话题能够吸引人，能够把大家的导火索给点燃。有的同学本来不想说，结果也不自觉地加入到说话的行列里来了，最后老师处理的时候也被处理了。

> 【观察者点评】幽默是人际交往的"润滑剂"，也是教学的"润滑剂"。

生：呵呵……（又一次笑成一片）

师：其实很冤呢。其实都是发动讨论的人惹的祸。第二种人在讨论中占大多数，一个话题提出来以后，然后纷纷发表观点。不同角度，发表不同观点，这是讨论的跟进者，是讨论的大多数人。还有一种人是整合总结的人，当然这个整合总结的人，可能是提出话题的人，也可能是其中一个发表观点的人。更多情况下是没有显性的总结。比如说每天晚上大家睡觉的时候，很少有这样的情况："今天的讨论告一段落，一会儿就要睡觉了啊，下面我总结一下，一共三点……"

生：哈哈……（全班轰然大笑）

师：这太傻了吧。一般来说没有这样的人，这个讨论有什么结果都是大家在讨论的过程中发表了什么观点，接受了什么信息，都是很自然的流程。但是讨论结束以后，每个人脑子里都会有些东西，今天讨论了什么话题，我收到了什么信息，特别是有什么信息是我以前不知道的，可能对它要进行加工整合。下面我们观看一段视频，是我们专门为这节课拍摄的录像，三要素第一个是什么呢？

生：讨论的话题。

师：我们今天讨论的话题是：关于高考志愿的选择与填报。之所以选择这样

> 讨论作为口语教学的一种重要形式，它有自己的特点和构成要素，这些特征和要素就是我们需要选择的教学内容。那么，请你总结一下：(1)本课例中，教师确定了哪些教学内容？(2)为了让学生理解和接受这些教学内容，教师运用了哪些教学方法？

一个话题,我们认为这个话题对高三同学来说有点帮助,特别是你们高考结束之后,填报志愿的时候,脑子可能不一定很清晰。参加讨论的人,除了我以外,还有我们学校的另外几位老师,这五位老师,恰好也是我们的学生家长,其中的四位是今年刚刚毕业的高三学生的家长。大家来看视频的时候第一个来分辨一下角色,讨论当中说话的人分别扮演了什么角色。第二,研究一下讨论发言的技巧,看看我们有没有什么发现,这个讨论当中说话的人各自有什么技巧,然后看了之后我们做一个交流和总结,看看讨论有哪些技巧,争取自己把规律和方法找出来。

视频主题:关于高考志愿的选择与填报(6分钟)

(画面进入视频,袁老师开始介绍各位老师。)

孙文婷老师,我们学校的美术老师。她的孩子以优异的成绩考入了中央民族大学。

白红亮老师,我们学校的数学老师。他的小孩白宸今年以优异的成绩考入了北京航空航天大学。

鄢秋平老师,我们学校的历史老师。他的小孩鄢闻嘉今年以优异的成绩考入了中国人民解放军第二军医大学。

张晓爽老师,是化学老师。他的孩子张一然2008年以优异成绩考入中国药科大学。

晏鸡老师,也是我们学校的英语老师。他的小孩晏菲,今年考入了上海体育学院。接下来他们还有故事要跟大家讲讲。

鄢秋平: 他的特点就是自己喜欢什么事情自己就会去做。我和他研究高考志愿的时候,就充分发挥他的个人优势。我们观察他,就是喜欢学医。他所选的学校全部是医学专业。当时我就给他提了个建议,我说如果你要是想学医,就直接上军校。我们有个什么优势呢?就是他身体素质和心理素质特别好,尤其是视力最棒。哎,我觉得考多少分,志愿都很难选。

晏　鸡: 刚才鄢老师谈到报志愿难,我倒觉得考什么样的分数其实都有选择的空间,不管哪个学校我们都可以去试试。我给她想办法,晏菲呢这次考试成绩是515,516她就能上二类学校。然后想想这样一个成绩只能上上海体育学院。

袁湛江： 上海体育学院不错呀，很多分数高的也没进得了上海体院呀，而且她选择了一个不错的专业。其实你这个小孩的情况是中国现在大多数学生和家长的普遍情况，所以你这个案例是更有意义的。

晏　鹉： 我们就是在家很仔细地探讨，现在信息渠道很多，那么我现在这个分数再结合这个孩子的特点，她是读理科，但是她并不擅长。那么就是这样一个分数，再加上孩子一个特长，我们选的学校就会偏向适合她的。

袁湛江： 你给我们一个很大的启发，就是说你考高分当然好了，谁都希望孩子考高分。但是如果你考不了非常高的分数的时候，我们能不能抓住应有的机会，然后去冲一冲。晏菲今年冲击成功，我觉得是一个很好的例子，说实话她这个小孩将来一旦参加工作以后，可能比同等的孩子工作前景更好。

张晓爽： 当时我家孩子报这个志愿的时候，分析了很长的时间，我觉得对于家庭来说是个大事，分数考出来了再报这个就不合适，就觉得还是要提前做准备，要虚心学习，研究研究，不懂就去请教一些懂的人。

袁湛江： 你们几个肯定做过专门的研究了？

白红亮： 我们的学生最愿意报考浙江、上海的这些学校了，结果了大家就挤在一起。如果你眼界开阔点儿放在全国范围的话，说不定还能找到好的学校。比如说你去西北四年，并不是说你就是落在西北了。

孙文婷： 我们没有过分考虑地域，还是学校和专业更重要。

袁湛江： 就是说你们没有一种偏见是说一定要报在浙江？

孙文婷： 没有，她的主要目的就是上一个理想的学校和专业。

袁湛江： 今天咱们这些讨论还是蛮有收获的。如果说高三的学生可以作为参考的话，大概可以总结出这几点。第一点，面对自己的分数，兴趣是最重要的。把自己的个人特长和社会的发展趋势结合起来。第二点就是要利用好资源，包括家长，还有老师，假如说我们学生家长不是老师的话，他就可以利用我们老师，就像你们这样的，已经为我们自己孩子报考志愿有过经验有过体会的老师，其实将来你们都可以作为学生的顾问。最后一个就是在学校和专业之间可能还有一个权衡，你是更多地去考虑学校还是考虑专业，有的时候可能是专业比学校更重要……

白红亮： 所以视野要开阔，不要集中在一起，不要小范围里找。

袁湛江：不要把眼光局限于长三角，经济的重心在南方，文化政治不一定在南方。视野要开阔，至少要放在全国，以后放眼全世界，剑桥，耶鲁，我们也可以去选择，是吧！今天我们这个讨论就到这里，谢谢大家！（老师们起来鼓掌）

师：好，我们再回来，大家看了刚才这个视频后看出什么来了吗？我们围绕一个话题来进行讨论吧。就是讨论中的发言技巧有哪些？首先说提出话题，如果你作为一个提出话题的人，或者说你企图尝试做一个提出话题的人的时候，你应该做哪些考虑和设计？应该如何提出话题？比如说今天晚上我们讨论一个话题，大家商量一下打麻将的技巧。行不行？

> 教师聚焦讨论的话题，充分发挥了教学中的主导作用。

生：行！（笑）

生：不行！

师：那再换一个，下星期要期中考试了，现在大家都没有准备好，兄弟们研究一套如何把试题搞到手的方法。大家讨论一下好不好？

生：不好。

师：都不好呢，提出话题有什么要求？

生：有意义。

生：有方向。

生：有策略。

生：……

师：总结得很好。作为提出话题的人，你就发现在你周围有的人老是作为领袖，提出话题之后总是有人响应。他提出的话题一定是有意义，有方向，有策略的。他提出的话题一定是有吸引力的，一定是联系生活实际的。每天大家发言最热烈的话题一定是同学最感兴趣的话题。

生：领袖总是少数人的专利，芸芸众生怎么办？

师：发表观点，要听说兼顾。既要说自己的观点，又要倾听别人的观点。如果你只顾着自己说，不听别人说的话，结果你的话就没有针对性。有的同学说话就有这个特点，挺能说，一说起来就滔滔不绝，一共有 5 分钟的讨论时间他自己就占了 4 分半。别人都没有说话的空间了，最后问问他说的啥，提炼不出东西。

生：不是在说我吧？

师：你自己对号入座呀。

生：总结呢？

师：**总结**的时候要**有条理，有重点，有高度**，**表达要简洁**。刚才我就扮演了这个角色，实际上就是呈现一些东西给同学。比如我对高考志愿的选择最后总结了 3 点：第一个要把自己的兴趣和社会的发展、需求结合起来，找到这个结合点。第二点是充分利用资源。第三是什么？要考虑到学校和专业的权衡。

生：最后白老师还补充一点。

师：补充一点什么呢？

生：就是视野要开阔。不要仅仅局限于长三角。要放眼全国，对不对？

师：像这样的话都是技巧。两个同学之间把发言技巧总结一下，把你脑子里留下来的东西告诉你的同桌。半分钟解决这个问题，张口说话。这些东西不需要记住它什么条条框框，但是要求掌握它，需要运用它。

生：（两人之间交流）

三、分组活动，现场体验

师：下面我们根据你掌握的发言技巧，做一个练习。从下列话题当中任选一个，然后我们分成 5 个小组来进行一下讨论。我现在说一下 5 个小组怎么分。在我们教室里 4 个角落的同学，先站起来，左前、左后、右前、右后的四个同学站起来。

生：（左前、左后、右前、右后的四个同学站起来）

师：中间再起来一个。女同学，这位同学请你站起来。

生：（女生站了起来）

师：你们五位同学是讨论的发起者。好，请坐！一会儿我把话题说完了以后，你要策划一句口号，如何吸引更多的粉丝到你这来参加讨论，想一句口号。一会儿我说开始，你们第一个站起来的人就先选择，所以越早越主动。所有同学现在就考虑你将参加哪个话题的讨论。

【观察者点评】教师选择的讨论样例有何特点？在此样例的基础上，师生共同总结出了哪些知识？

师：（屏幕出示话题，同学跃跃欲试）

第一个话题谈效率，挤尽低效学习的泡沫。现在到了高三，学习非常紧张，但是我们发现很多同学的学习效率很低。效率很低都表现在哪些方面呢？通过什么改进措施提高学习的效率？

第二个话题谈阅读，高三现阶段最有效的阅读方法是什么？现在读什么、怎么读对高考最有帮助？

第三个话题谈老师，每位恩师都是一道独特的风景。每个老师都有什么特点？他们的形象、他们的语言、他们的动作、他们上课的风格各是怎样的？

第四个话题谈 NBA，我欣赏的球星或者球队。

第五个话题谈时事，钓鱼岛、犀利哥都可以。

第六个话题，岁月如歌，回忆带来的温馨和感动。你可以回忆一下初中的故事，小学时候的故事，幼儿园的故事。

好，现在五位同学预备，谁第一个站起来说，开始……

> 教师所选的话题都和学生生活息息相关、足以引发学生讨论的兴趣。

生1： 我说……

师： 说一句口号。

生1： 想念初中老师的同学到我这来，我们策划一次感恩老师的活动……

师： 好，请坐。下一个谁来讲。

生2： 效率就是生命……

师： 好，效率。第三个。

生3： 想让心里面得到更多温馨和感动吗？到我这来吧。

师： 想心里得到更多温馨和感动吗？到我这来吧！

生：（全班大笑）。

生4： ……（讲了太多）

师： 就一句，就一句。

生4： 想知道高效阅读的秘密吗？我悄悄地告诉你……

师： 好。想读《红楼梦》吗？想读《悲惨世界》吗？想读《莎士比亚全集》吗？想掌握最有效的阅读方法就请到我这来。请坐。

生5： NBA 的粉丝，你最喜欢的球星是科比还是詹姆斯？

师： 好，现在同学就分头行动，找不到组织的，可以到我这来。同学们开始找组织吧。

生：呵呵……（同学们分头找组织，开始热烈地讨论）

师：（来到阅读组）刚才在上一个班级有一个同学提出来要深入地去研究课本，你们觉得这个方法好吗？

队4：这个好啊！其实所有的读书都是由课本出发的，但学课本并不是最终目的，最终目的是用课本上学来的东西消化吸收课外的东西。

（接下来是各组讨论热烈进行中……）

师：好，我们就到这里，回到自己的座位上，看来找到一个有兴趣的话题大家还是有话可说的，意犹未尽。我们5个队，每个用一两句话来作一个小结，我们这个队就哪个话题发表了哪些观点。请简洁一点，这个队开始。

队1：我们讨论的话题是高二的那届运动会……

师：按一下话筒开关。

生：我们讨论的话题是高二的那届运动会，它给我们留下很深的印象。因为刚开始开幕式，我们班男女分工就比较明确，女生负责装饰，男生负责练抬轿子，大家都很努力，体现了班级中凝聚的力量。

师：非常智慧，资源组合。

师：尤其是班级内部的凝聚力。好，请坐！她从这个温馨的回忆当中不仅带来一种感动，而且带来了一种精神，一种智慧。很好。来，NBA一组。

生5：我谈论的是NBA，球星的作用在球队是很大的，是有领袖的作用，有很大的个人魅力，但是总体来讲篮球需要的是团队合作，团队精神是很重要的。

师：好，请坐，这个已经超越了NBA技术的范畴，上升到了一种精神，一种合作。谈得很好，来中间这组。

队3：……没什么成效。

师：或者说成效很低。

生3：……

师：你们有没有想到什么措施??

生3：……

师：请坐！这个话题我建议以后专门找个时间来谈一谈。我觉得这个话题对高三现阶段来说非常重要。如何克服低效的学习泡沫，提高学习的效率，很有意义。来，这一组。

队4：我们谈的是阅读的效率问题。

师：把本子放开，不要看着读。

队4：首先我们觉得第一点是要明确阅读的重要性，从思想上对它有所认同，行为的效率自然会提高。第二就是要明确目的性，你的阅读目的是为了改善思维，还是作文各方面，你要有个针对性。然后就目的来说，你要选择自己的范围。然后高三的话，我们把范围定为两类，第一个是课本范围，第二个是课外范围。课本范围的话，课本阅读不是仅限于它的这种内容形式，而是一种方法，一种思想，要把它从课本思想融入到你的应用中去，把它给升华出来；然后课外的话，我们有几个提高效率的方法。第一个是……

师：好，先到这里。请坐！我不礼貌打断她的话，我觉得这个话题也是非常值得挖掘的话题。我们另外找个时间从容地把这个课外阅读方法介绍给大家吧。这个同学发言非常具有领袖的气质，一看就是未来国家的栋梁。

生：呵呵……

师：先从思想上重视，然后策略上怎么样，先说课内再说课外非常有条理，让我非常钦佩。最后一位同学，最后一个组。

队5：我们做了一次看望老师的活动策划，讨论内容暂时保密……

师：好，请坐！非常好！这个组谈的是老师，我觉得这个组它的贡献不仅是呈现，而且是对自己情感的润泽和净化，设计了活动。已经超越了我设置的话题范畴。那么我们课堂做一个小结，这节课里我们研究了讨论的概念与价值，讨论的元素与角色，然后重点探讨了讨论中发言的技巧。

最后给我们高三5班文科创新班的同学几句忠告：第一，每个人都可以做到表达流畅，都可以成为口语的专家，前提是你心中必须有这个目标和自信。第二，口语训练不仅锻炼你的口才，还有你的思维、气质和形象。第三，"讨论"这个说话的形式每天都会发生，但是有意识的锻炼才会提升它的价值。适当的口语训练不但不会干扰你的高考，而且会大大提高你高考备考的含金量。祝同学们在高考中取得成功，谢谢大家！

生：（掌声响起……）

【观察者点评】表扬的力量是无穷的，好老师从来不会吝惜自己的表扬，你同意这个判断吗？

【要点评议】

在这一部分,教师设计了一个讨论活动。在这个活动中,老师关注了对学生思维品质和自信心的培养。语言学家皮特·科德在他的《应用语言学导论》一书中曾说过,学习语言的人用母语交际的能力早已达到相当的水平,他们已经懂得自己能用母语做什么和不能够做什么。根据这一观点,语言教师所做的不过是教授学生用一种新的方式来做他已经会做的事情,亦即扩大学生原有的一套思维规则或思维方式。袁老师在本课的教学中就特别关注了学生思维品质的培养,他不但反复强调"口才好的人首先是他有思想,思维品质高",而且在与学生的互动中,也将其作为点评的重点,当发现一位女生思维的条理性很强时,他及时给与了热情的赞扬。同时,教师也非常注意培养学生口语表达时的自信心。许多高中生之所以不愿意在公众场合说话,不是没有内容,而是因为心里紧张、害怕。帮他们建立起自信心,让他明白口才并不是一种天生的才能,而是靠刻苦训练得来的,学生才会乐于投入并最终改善自己的口语技能。

问题研讨

一、教师应如何激发高中生口语交际训练的积极性?

从本课例的教学中不难发现,要在升学压力极大的高三年级调动学生进行口语学习的积极性,教师需要做到以下几点:

第一,选择的话题要和学生的日常生活联系密切。在袁老师上课之前,学生也是充满疑问和顾虑的。为了激发学生学习的积极性,袁老师对讨论的话题进行了精心设计:从高考面试的题目到学生的日常交友;从高考志愿的填报到对高中生活的回忆;从阅读的内容到学习的方法。这些话题不但能够激发学生参与的兴趣,而且对学生的生活也有直接的助益。

第二,充分挖掘口语教学"交互性"的魅力。学生在这节讨论课上参与的积极性、发言的深刻性,让我们不但感受到了学生身上蕴藏的巨大的语言潜力,而且体会到了口语语体"交互性"内核的巨大魅力。在袁老师看来,口语教学应该包括下列三种语体：一是独白体，如自述、讲故事、解说、报告、演说、朗诵等，它是一个人说话，这种语体的要求是能与听众进行心理和精神上的交流，能关注到与受众间的隐性对话，达成情感上的默契，征服听众，牢牢把握听众的注意力；二是对白体，如调查访谈、谈判、面试、学术对话等，能够担当发起者的角色，把握现场，引导对方正确地回应、积极地配合，实现谈话意图；三是辩白体，包括讨论与辩论，如论文答辩、专题辩论、专题研讨等，它的特点是有"论战"色彩，在对话中短兵相接，常常通过对对方观点的证伪、批驳，以征服对方，往往以思维灵活、思想深刻者见胜。三种语体均以"交互性"为核心特征，如果在口语教学中缺少交互性的意识，学生是不能真正学会"根据不同的交际场合和交际目的，恰当地进行表达"的。

二、我们在口语交际教学中应教给学生哪些东西？

由于种种原因，我国的语文课程标准在教学内容的确定方面尚不够完善，因此，教师在实际教学中，就需要将教学内容进一步明晰。本课例在教学内容的确定方面就做得较好。教师紧密联系学生的生活实际，深入浅出地解释了讨论的内涵和要求，教学内容明晰而简洁。如讨论的三个要素（有话题、有人员、有方向），话题提出的三个要求（要有意义、有方向、有策略），总结的三个要求（有条理，有重点，有高度）等等。

更为可贵的是，袁老师能够将口语训练渗透在整个高中三年的学习中，进行系列化的设计，每学期重点训练一项内容，按照由浅入深、循序渐进的原则安排这样几个板块：①诵读 ②复述 ③演讲 ④辩论 ⑤采访 ⑥讨论 ⑦沟通：诉求与倾听。每一个板块都设置了目标系统、训练系统和检测系统，体现了很强的序列性。

资源链接

1. 张鸿苓. 中国当代听说理论与听说教程[M]. 成都：四川教育出版社，2000.
2. 田良臣. 艰难的言说：汉语口语教学百年历程述评[J]. 课程·教材·教法，2005，(3).
3. 王荣生. 口语交际的课程意识[J]，语文教学通讯·初中刊，2005(9).
4. 王荣生. 口语交际的课程内容及活动设计[J]，语文学习，2004(11—12).
5. 李明洁. 口语交际课程要教什么？[J]，语文教学通讯·初中刊，2005(9).

后续学习活动

以下是江苏锡山高级中学唐江澎老师执教的一节演讲指导课《不自由,勿宁死》的部分实录,阅读并完成文后的题目。

今天是一节演讲练习课,主要练习脱稿演讲,大家知道演讲是现代人的非常重要的素养,对一个人的成功往往起着关键的作用。

……

师:现在请同学们再回答,脱稿演讲,有什么困难,会碰到什么问题?

生:讲一半的时候,忘稿,觉得尴尬。

师:就是忘词儿怎么办。

生:想到新的想法,又不知道该怎么加进去。

师:应变。

生:看到观众的眼睛的时候会有点紧张。

师:紧张。还有?

生:表现某些观点的时候,应该用一些动作,不知道怎样深刻表达自己的想法。

师:动作?最多碰到的问题是什么?

生:忘词。

师:咱们现在就解决忘词怎么办。

师:忘词首先是解决观念问题,因为忘词是相对于记诵而言的。当你知道所有的听众都有一个文本的时候,你就特别担心自己忘词儿。但我们在观念上要转变过来,对方手里并没有文本,假如你忘了,不是停下来,别人不知道,这是心理上的问题。再解决技术上的问题,你的文本应该是一个大纲,心里要有一个明确的思路,一些精彩的句子要记好,千万不要记诵内容。

以倒数第二段为例，不看稿子，咱们先想一想这一段共几层意思。

（演讲）

这是第一层，说的是不可坐等强大。

一共几句话？脑子想一想，过一遍，每个同学不看稿子把这句话说一遍。开口，开口，开口。

话筒在谁那里，你上来吧。从现在开始每一步，我们开始观察她。

师：从忘词这个角度说起，你们想递词，甚至想跟底下的人商量一下。假如你不这样说，你就用自己的话把帕特里克的话说出来。只要把意思表达出来，你就完成演讲了。

再来一遍，同学们看不出来你忘了。

（学生演讲）

师：前面记得熟，快，后面不这样。你就想想这是平时跟人家谈话，你会忘词吗。

（生讲）

师：不要下去。走过来的时候，你的步伐很坚定，很自信，没有东张西望，你忘了一个最关键的因素，向所有的听众鞠躬，扫视全场，这叫控场，就镇定下来了。你选择恰当的语气向下讲，你刚才这个手不知道往哪儿放，幸亏有个话筒。左手拿话筒，右手动作。加一个动作。

（生打一个手势）

师：（教动作）摆事实，摊牌，下位，手抬平，落点要快。

师：走过去，再走上来。

师：动作不要再补做一个了。

师：第二节说我们并不弱小，请大家大声地把它讲出来。哪位同学也想试一试？

师：不是背稿子了，但在现在条件之下，面对这么多的听众，你不善于使用话筒，噢，我给你拿着。

> 我们把第三层意思再讲一讲。我们都站起来大声讲一遍。注意动作和精神状态。
>
> （生讲）

问题：

一、分析唐老师试图教给学生哪些演讲的知识。

二、分析唐老师口语交际活动设计的特点。